16.12.01

Neues Buch über das Hauptportal des Kaiserdoms

Von Löwenköpfen zu biblischen Bildern

Wer heute die von Tausenden Händen blank geriebene Klinke am Hauptportal des Speyerer Domes drückt und dann mit ziemlichem Krafteinsatz die Tür öffnet, kann sich kaum noch vorstellen, dass sich an deren Platz einstmals ein Holztor befand. Und mit dieser Tatsache endet auch schon unser Wissen, denn wie das Tor in früheren Jahrhunderten im Detail beschaffen war, ehe es die Vorhalle gab, den gesamten Anbau auf der Westeite aus dem 19. Jahrhundert – all das wissen wir nur ungenau. Vielleicht haben einst Löwenköpfe das mittelalterliche Hauptportal geschmückt. Dieser ist der einzige detaillierte Anhaltspunkt in der Überlieferung. Und die Tore des 19. Jahrhunderts waren aus massivem Eichenholz.

Heutzutage wird jede Veränderung genauestens dokumentiert. Manchmal sogar in Buchform. Dem Hauptportal des Speyerer Domes ist nun schon zum zweiten Mal ein eigenes Buch gewidmet, nachdem die bronzene Tür des Salzburger Bildhauers Toni Schneider-Manzell gründlich restauriert wurde. Bereits 1974 lieferte Philipp Weindel eine theologische Erklärung aller 55 Reliefs der Außen- und Innenseite des Bronzetors – dieses Buch ist längst vergriffen. Nun hat die Europäische Stiftung „Kaiserdom zu Speyer" gemeinsam mit dem Regensburger Verlag Schnell und Steiner einen Kunstführer herausgebracht, der sowohl die motivische und theologische Erklärung mit einem Text von Domdekan Hugo Büchler als auch eine kunsthistorische Würdigung durch Rudolf Jöckle einschließt. Es gebe in der Kunstgeschichte kaum ein Gegenstück dazu, schreibt er. In der Tat hat sich der Künstler darum bemüht, dem Portal ein möglichst archaisches Aussehen zu geben, indem er ebenso archaische Verfahren des Bronzegießens studierte und angewandt hat.

Im Buch beschrieben ist außerdem das Restaurierungsprojekt „Domportale", das durch eine groß angelegte Spendenaktion durch Leserinnen und Leser der RHEINPFALZ realisiert wurde. Über 260.000 Mark sind in zweieinhalb Jahren für diesen Zweck zusammen gekommen. Die Sanierung des monumentalen Hauptportals bildete den Auftakt der Portalrestaurierung durch den Potsdamer Spezialisten Helmut Franke. Das Projekt fand im Oktober 2000 mit einem Festakt im Dom seinen Abschluss. Das Buch erschien nun, ebenfalls mit Unterstützung der RHEINPFALZ, in 4000 Exemplaren der ersten Auflage. Es ist ab sofort im Buchhandel (ISBN 3-7954-1450-4) und in allen RHEINPFALZ-Geschäftsstellen zu haben.

Anne Stegat

Karl-Markus Ritter (Herausg.): Das Hauptportal am Kaiserdom zu Speyer. Schnell & Steiner Regensburg 2001. 48 Seiten. 25,80 Mark (12,90 Euro).

Das Hauptportal am Kaiserdom zu Speyer

Ut unum sint – damit sie eins seien

Herausgegeben von Karl-Markus Ritter

im Auftrag des Vorstandes der
Europäischen Stiftung Kaiserdom zu Speyer

Honorarkonsul Dr. Paul Wieandt, Vorstandsvorsitzender
Domdekan Hugo Büchler, Stellv. Vorstandsvorsitzender
Staatsminister a.D. Dr. Georg Gölter, Stellv. Vorstandsvorsitzender

UNESCO-WELTERBE · WORLD HERITAGE · PATRIMOINE MONDIAL

UNESCO

SCHNELL + STEINER

Inhalt

Zum Geleit

Seite 5: Das Hauptportal des Speyerer Domes (Außenseite). Die Bronzepforte, gestaltet vom Salzburger Künstler Toni Schneider-Manzell, wurde 1971 fertiggestellt und eingebaut. Die Tür trennt den romanischen Kirchenraum des Mittelalters von der Vorhalle des 19. Jahrhunderts.

Das monumentale Bronzeportal und die fünf Seitenportale wurden restauriert und instandgesetzt. Sie erscheinen dem Betrachter nun wieder wie zur Zeit ihres Einbaues: die Seitenportale in den 60er Jahren, das Hauptportal 1971. Die Portal-Restaurierung ist eines von vielen weiteren Projekten der „Großen Domrestaurierung 1996–2010", für das die Europäische Stiftung Kaiserdom zu Speyer und ihr Kuratorium die Patenschaft übernimmt.

Die Instandsetzung der Portale wurde durch die Tageszeitung „Die Rheinpfalz" ermöglicht. Sie geht auf eine Initiative ihres Chefredakteurs Michael Garthe zurück, der die Redaktion und den Verlag im Kuratorium der Europäischen Stiftung Kaiserdom zu Speyer vertritt. Die Leserinnen und Leser der Tageszeitung „Die Rheinpfalz" und der Verlag spendeten für die Sanierungsmaßnahme. Über zwei Jahre hinweg machten die Autoren dieses Buches immer wieder in verschiedenen Beiträgen auf das Restaurierungsvorhaben aufmerksam. Zusammen mit Mitteln der Denkmalpflege, des Bund und des Landes Rheinland-Pfalz gelang schließlich die vollständige Finanzierung der Restaurierung der Bronzeportale.

Unser Dank gilt allen Leserinnen und Lesern, die sich für das Projekt engagierten. Als Zeichen unserer Verbundenheit haben wir die Spender im Anhang dieses Buches namentlich genannt. Mein Dank gilt auch dem Dombauverein Speyer und seinem Vorstand, der uns bei der Durchführung der Aktion unterstützte.

Die Portale sind wie Schleusen. Wer durch sie hindurchgeht begibt sich aus der profanen Welt in einen sakralen Raum. Menschen beten dort und feiern gemeinsam Liturgie – und das seit fast eintausend Jahren. Die Flachreliefs der Portale vermitteln die Botschaft von Gottes Wirken in der Geschichte. Das ist das Wesentliche der Portale, darum geht es in diesem Buch.

Die Europäische Stiftung Kaiserdom zu Speyer fühlt sich dem Auftrag der Unesco verpflichtet, Verantwortung für den Dom zu Speyer zu übernehmen. Staat und Kirche allein können diese Aufgabe heutzutage nicht mehr wahrnehmen. So fordere ich auch Sie, liebe Leserinnen und Leser dieses Buches auf, sich an den Stiftungsaktivitäten zu beteiligen. Helfen Sie mit, dass das Bauwerk Kaiserdom zu Speyer auch in Zukunft erhalten bleibt. Denn Zukunft braucht Geschichte!

Dr. jur. Paul Wieandt

Vorsitzender des Vorstandes der Europäischen Stiftung Kaiserdom zu Speyer

VT VNVM SINT

Die gute Botschaft der Portale

Seite 7:
Innenansicht der monumentalen Bronzetür des Kaiserdomes.

Jedes christliche Gotteshaus ist ein offenes Haus. Deshalb hat es Türen. So auch unser Kaiser- und Mariendom. Sicher hatte er bei der finanziellen Großzügigkeit seiner kaiserlichen Bauherrn schon ursprünglich schön gestaltete Portale, zu denen sich leider keine näheren Kenntnisse überliefert haben.

Als nach der Profanierung und den Verwüstungen durch die französischen Revolutionsheere zu Beginn des 19. Jahrhunderts dieser Dom wieder zur Bischofskirche hergerichtet wurde, bekam er bescheidene Holztüren. Diese waren mit der Zeit morsch geworden, so dass man sie bei der tiefgreifenden Domrestaurierung in den fünfziger und sechziger Jahren des 20. Jahrhunderts durch die jetzt frisch restaurierten Bronzeportale ersetzte. Wie der Ausmalung des Innenraumes mit den Schraudolph-Fresken im 19. Jahrhundert ein ganz bestimmtes theologisches Programm zugrunde lag, so wurde auch die Gestaltung der Portale nicht willkürlich und aufs Geradewohl, sondern durchdacht und wohlüberlegt vorgenommen. Wir wollen sie ein wenig in den Blick nehmen.

Das Portal der Afrakapelle und die vorderen Portale an der Nord- und Südseite halten die Erinnerung an die bedeutendsten Architekten des Domes lebendig. Die Tür zur Afrakapelle ist dem Seligen Reginbald gewidmet. Er war Abt zu St. Ulrich und Afra in Augsburg und zugleich von Lorsch und Heiligenberg bei Heidelberg. Seine Ausbildung hatte er in der Klosterschule von St. Gallen erhalten. Dort wurde nach den ältesten Traditionen der griechischen und römischen Baukunst auch Architektur gelehrt. Im Jahr 1033 berief ihn Konrad II. auf den Bischofsstuhl von Speyer. Er war der erste maßgebliche Baumeister des frühsalischen Domes und wurde Jahrhunderte lang auch durch Wallfahrten an sein Grab im Dom als Seliger verehrt.

Das Portal, das neben der Afrakapelle in den Dom führt, ist dem heiligen Bischof Benno von Osnabrück geweiht. Er stammte aus schwäbischem Geschlecht und war Schüler des Mönches Hermannus Contractus, Hermann des Lahmen auf der Insel Reichenau. Dieser war schwerstbehindert. Als Theologe, Philosoph, Dichter, Musiker, Historiker, Techniker, Statiker und Mathematiker gilt er als größter Gelehrter seiner Zeit. Kaiser Heinrich III. war freundschaftlich mit ihm verbunden. Über ihn lernte er Benno kennen und holte ihn 1044 zum Dombau und als Lehrer an der Domschule nach Speyer. Benno vollendete den frühsalischen Dom und geleitete den 1056 in Goslar verstorbenen Heinrich III. nach Speyer. Er plante, auch nachdem er Bischof von Osnabrück geworden war, zusammen mit Kaiser Heinrich IV. den Dom in seiner heutigen Form.

Die Ausführung der Planung lag vor allem in der Hand des heiligen Bischofs Otto von Bamberg. Ihm ist das östliche Eingangstor vom südlichen Domgarten aus gewidmet. Otto stammte aus einem mittelfränkischen Geschlecht, bekam seine Ausbildung in St. Gallen und auf der Reichenau, war Hofkaplan beim Polenherzog Wladislaw in Gnesen, der die Schwester Heinrichs IV., Judith, geheiratet hatte. Von dort rief ihn der Kaiser nach Speyer, wo er, auch noch als er seit 1102 Bischof von Bamberg war, unserem Dom seine heutige Gestalt gab. Die Verstärkungen jedes zweiten Pfeilerpaares im Mittelschiff, der Bau der Kreuzgratgewölbe, die Gestaltung des Querhauses und die Zwerggalerie sind sein Werk.

Die westlichen Seitenportale des Domes sind zwei Heiligen gewidmet, die mit dem Dom in einer besonderen Beziehung stehen. Das erste Portal, das vom nördlichen Domgarten in den Dom

führt, trägt das Bild des heiligen Bernhard von Clairvaux. Er hat den Reform8-9orden der Zisterzienser mit 68 Neugründungen in ganz Europa verbreitet. Nach ihm nennt man die erste Hälfte des 12. Jahrhunderts das Bernhardinische Zeitalter. An Weihnachten 1146 predigte er bei einem Reichstag in diesem Dom zu Speyer und gewann König Konrad III. für den zweiten Kreuzzug. Als er beim Einzug in den Dom vom Volk mit dem Salve Regina begrüßt wurde, das in Text und Melodie von Hermann dem Lahmen stammt, fügte er spontan die Anrufungen hinzu: o clemens, o pia, o dulcis virgo Maria. Seitdem bilden sie den Schluss dieses Marienhymnus, der auf der ganzen Erde gesungen wird. Bernhard ist der zweite Patron des Domes.

Das gegenüberliegende Portal, durch das man vom südlichen Domgarten in den Dom gelangt, ist dem heiligen Papst Stephanus I. geweiht. Papst Stephanus I. starb 257 als Märtyrer in Rom. Kaiser Heinrich III. brachte das Haupt des Papstes als kostbare Reliquie von seiner Kaiserkrönung in Rom mit. Papst Clemens II., der zuvor Bischof von Bamberg war und als Papst auch Bischof von Bamberg blieb – er ist im Bamberger Dom als einziger Papst auf deutschem Boden begraben – hatte die Kaiserkrönung an Weihnachten 1056 in St. Peter vorgenommen. Das kostbare päpstliche Geschenk vermachte Heinrich seinem und unserem Dom, wo es heute in der Katharinenkapelle aufbewahrt wird. Papst Stephanus trug den Namen des Erzmärtyrers Stephanus, der nach dem Bericht der Apostelgeschichte als Diakon vor den Toren Jerusalems gesteinigt wurde. Der Erzmärtyrer Stephanus war neben Maria Assumpta (der in den Himmel aufgenommenen Gottesmutter) ursprünglich der zweite Patron des heutigen Doms, was schon bei dessen Vorgängerkirchen aus der karolingischen und merowingischen Zeit der Fall gewesen war.

Alle bisher genannten Portale tragen lateinische Inschriften, die jeweils so klassisch und kunstvoll formuliert sind, dass sie für die Übersetzung auch geübten Latinisten Schwierigkeiten bereiten können. Sie stammen von Monsignore Heinz Römer, der zu jenen Priestern aus unserer Diözese gehörte, die wegen ihrer Nazigegnerschaft in Dachau inhaftiert waren.

Das Prachtportal des Speyerer Domes ist jedoch das Hauptportal von Professor Toni Schneider-Manzell aus Salzburg, das dieser in dreieinhalbjähriger Arbeit geschaffen hat. 1961 hatte der damalige Ministerpräsident von Rheinland-Pfalz, Peter Altmeier, die Übernahme der Kosten versprochen. 1967 wurde das Tor von Bischof Isidor Markus Emanuel und vom Speyerer Domkapitel auf Initiative des Kultusministers Eduard Orth bei Professor Schneider-Manzell in Auftrag gegeben. 1971 konnte es Ministerpräsident Helmut Kohl dem Diözesanbischof Friedrich Wetter und dem Domkapitel feierlich übergeben.

Es ist zweifellos das Hauptwerk von Professor Schneider-Manzell, die größte Domtür der Christenheit, 8,14 Meter hoch, 3,50 Meter breit und sechs Tonnen schwer. Tatsächlich handelt es sich um jeweils zwei Türen, die gegeneinander montiert sind. Es gehört zu den ganz großen christlichen Kunstwerken unserer Zeit. Nie zuvor hatte unser Dom ein so kunstvolles, dem Bauwerk so angemessenes und in seiner inhaltlichen Botschaft so reiches Portal.

Formal passt es sich in nicht zu überbietender Einfühlsamkeit der vollendeten Romanik des Domes an und ein. Schneider-Manzell wählte den romanischen Türtypus, der als monumentales Reliefportal nach einem gleichmäßigen Quadratschema gegliedert ist. Die Reliefbilder wirken elementar, archaisch, konzentriert, ruhig, fast feierlich, anmutig und streng, innig und ernst, gegenwärtig und zeitüberlegen, nüchtern und durchseelt, stilisiert und spirituell. Das Werk fügt sich in den romanischen Geist des Ganzen in einer so grandiosen Weise ein, dass es

Im Tympanon der Außenseite des Portals sieht man Christus, den guten Hirten. Unter dem Christusbild stehen die drei Worte aus dem hohenpriesterlichen Gebet Jesu: „ut unum sint – damit sie eins seien".

fast aus der romanischen Zeit stammen könnte. Viele Betrachter bemerken wohl zunächst kaum, dass es sich um eine Schöpfung neueren Datums handelt. Diesem Werk haftet eine Zeitlosigkeit an, wie sie heute nur selten zu finden ist. Bewusst wird zwischen Innen- und Außenseite des Domportals ein Stilwechsel vorgenommen. Während die Reliefs der Außenseite sich der Plastizität der Westfassade angleichen, sind die Reliefs der Innenseite flacher gehalten, um sich, wie der Künstler selbst sagt, „dem majestätischen salischen Gewände, gefügt von den Quadern des zweistimmigen Steins" einzuordnen.

Auf der Außenseite kommt in 25 stark profilierten Hochreliefs die gesamte biblische Heilsgeschichte zur Darstellung: von der Schöpfung bis zur Selbstoffenbarung des auferstandenen Jesus Christus. Bedeutsam ist, dass drei Darstellungen ein Doppelquadrat in Anspruch nehmen: Mose mit den Gesetzestafeln, Jesus bei der Bergpredigt und der auferstandene Jesus.

Die Innenseite des Portals kann zu stundenlanger Besinnung und Meditation anregen. In sieben Flachreliefs kommen die sieben Sakramente zur Darstellung, also die sieben Grundvollzüge des kirchlichen Lebens, in denen der auferstandene Christus sein Heil wirkt bis ans Ende der Zeit. Um die Symbole der Sakramente gruppieren sich oft auf die einzelnen Sakramente besonders bezogene Menschen, die beim Dombau und bei der geistigen Prägung der Zeit des Dombaus eine herausragende Rolle spielten. Die Darstellung des Pfingstereignisses mit Maria inmitten der zwölf Apostel im Tympanon weist darauf hin, dass der selbe Geist Gottes, der in der Schöpfung und in der biblischen Heilsgeschichte am Werk war, auch in der Zeit der Kirche wirksam ist und sich immer wieder gegen Widerstand und Sünde durchsetzt.

Im Tympanon der Außenseite sieht man Christus, den guten Hirten. Er weist den Dom als christliches Gotteshaus, als Christusdom, und die Geschichte als Christusgeschichte aus, wie Papst Johannes Paul II. es mit den Anfangsworten seiner ersten Enzyklika Redemptor Hominis vom 4. März

oben: Der „ungläubige" Thomas steht mit seinem Zweifel für die vielen, die nur anerkennen können, was mit Händen zu greifen ist (Relief 23/Text Seite 22)

unten: Emmaus – die Jünger erkennen Jesus beim Brotbrechen (Relief 24/Text Seite 20)

1979 formuliert: „Der Erlöser der Menschen, Jesus Christus, ist die Mitte des Kosmos und der Geschichte."
Unter dem Christusbild stehen die drei Worte aus dem hohenpriesterlichen Gebet Jesu: ut unum sint – damit sie eins seien. In einer genialen Formel bringen diese Jesusworte zum Ausdruck: Der Dom, den du durch diese Tür betrittst, ist ein Dom, der dich zu Christus führen will, der von sich sagt: „Ich bin die Tür. Wer durch mich eintritt, wird gerettet."
Der Dom, den du durch diese Tür betrittst, ist ein Monument der Einheit: ein Denkmal der Einheit der europäischen Völker, die diesen Dom gebaut haben, und ein Mahnmal zur Einheit, welche die europäischen Völker wieder finden müssen. Dieser Dom ist aber ebenso ein Denkmal der Einheit der Christenheit, die, als er gebaut wurde, noch nicht durch große Spaltungen verwundet war. Diese Einheit müssen die getrennten Christen wieder finden, wenn sie dem Gebet Jesu zur Erfüllung verhelfen wollen: ut unum sint.
Das Jahr 2000 stand als Heiliges Jahr in besonderer Weise im Zeichen der offenen Tür, im Zeichen der geöffneten Heiligen Pforten, der geöffneten Heiligen Portale der vier Hauptbasiliken in Rom. Es ist eine schöne Fügung, dass gerade im Heiligen Jahr des Großen Jubiläums 2000 unsere Domportale gereinigt und saniert werden konnten. Ich sage allen, die dies ermöglichten, herzlichen Dank und „Vergelt's Gott"! Mögen alle, die durch die erneuerten Portale unseres Domes gehen, auch etwas von der Botschaft dieser Portale und von der Botschaft des Domes, in den sie führen, vernehmen, und mögen alle, die durch die erneuerten Portale unseres Domes wieder hinausgehen, etwas von der guten Botschaft unseres Domes und seiner Portale mit in den Alltag nehmen.

Bischof Dr. Anton Schlembach

Das Hauptportal des Domes: Motive und Theologie

Tausende von Besuchern strömen jährlich durch das Hauptportal des Speyerer Domes. Die meisten streben sofort dem Inneren zu, ohne dem Vorraum Beachtung zu schenken. Nur wenige halten vor dem Portal inne und versuchen die Bildgeschichte zu entziffern, wobei nicht selten eine gewisse Ratlosigkeit unübersehbar ist. Sie seien eben in der Bibel nicht sattelfest, geben Sie ehrlich zu, lassen sich aber gerne die einzelnen Darstellungen erklären und sind dann ganz stolz, dass sie ja dies alles im Grunde in der Schule gelernt hätten und noch wüssten, wenn auch die Erinnerung an die biblischen Geschichten mit der Zeit verblasst wären.

So kann es als Aufgabe des Außenportals gesehen werden, die biblischen Gestalten und Geschichten vor Augen zu stellen. Aufgabe des Erklärenden aber ist es, die verschütteten Erfahrungen mit der Bibel wieder lebendig werden zu lassen.

Die Innenseite des Portals schlägt ein ganz anderes Kapitel auf. Es ist die Geschichte Gottes mit der Kirche, die am Pfingsttag beginnt und in jeder Epoche neu geschrieben wird. Glanz, Kampf und Not des frühen Mittelalters sind auf dem Innenportal festgehalten. Die Sakramente, in der Mitte des Portals dargestellt, weisen darauf hin, woraus die Kirche lebt.

In Kreuz und Auferstehung vollendet sich das Werk der Erlösung. Der Herr hat seinen Weg vollendet. Maria und Johannes stehen bei ihm am Kreuz (Relief 21/ Text Seite 19f.)

rechts: Moses mit den Gesetzestafeln. Der Bund Gottes mit seinem Volk wird am Sinai besiegelt (Relief 11/Text Seite 17f.).

unten: Im Anfang war das Wort. Das Ur-Chaos erhält seine gottgewollte Gestalt (Relief 1).

Die Außenseite des Portals

„Das Zeitthema der Außenseite der Türe ist das durch den Bund mit Gott in der Geschichte der Menschheit gewirkte Heil. Der Aufstand gegen diesen Bund verwirkt das Heil.“ So beschreibt der Künstler, Prof. Toni Schneider-Manzell, den Grundgedanken der Außenseite des Portals.
Dem Eintretenden hält Mose die Gesetzestafeln entgegen. Ist er dabei, die Tafeln zu zerschmettern, weil das Volk sich von Gott abgewandt hat, oder will er dem Besucher ins Gedächtnis rufen: wenn du hier eintrittst, vergiss nicht das Wort Jahwes: Ich bin der Herr dein Gott?
Der Blick geht höher und erkennt das Gegenstück: den lehrenden Jesus: „Selig, wer das Wort Gottes hört und es befolgt“ **(siehe Abb. auf Seite 43)** Mose und Jesus verkörpern das Alte und das Neue Testament, die beiden großen Teile der Außenseite. Das Tympanon überspannt diese Bilderfolgen und gibt zugleich den Grundton an, der auf dem Außenportal angeschlagen wird: ut unum sint – mögen sie (alle) eins sein.

Gottes gute Schöpfung

Die Bildgeschichte beginnt unten links **(Relief 1 u. 2)**. Das „Tohuwabohu“, das Ur-Chaos, zeigt schon erste Strukturen. Unten die Urflut, nicht aufgewühlt, sondern eher ruhig, darüber ein Band, das diese Flut in ihren Grenzen hält. Die obere Bildhälfte ist in Bewegung, ist unfertig. Die Gebilde scheinen noch ihre Form zu suchen. Die Sonne lässt sich ansatzweise erkennen und Körper, die an Gestirne denken lassen. Alles ist in Bewegung, strebt seiner gottgewollten Gestalt zu. **Relief 2** gibt sozusagen die Erklärung. Gottes Geist schwebt über den Wassern. Das Chaos, das im Grunde nicht darstellbar oder beschreibbar ist, wird durch Gott beherrscht und eingegrenzt. Ganz nah am Schnabel der

Der Sündenfall. Eva schaut sich noch einmal um, aber es gibt keine Rückkehr. (Relief 4/Text Seite 14).

Geist-Taube erleben wir die Mächtigkeit des Wortes Gottes mit. Ein Energieball scheint zu explodieren und neue Sterne, neue Sonnen zu formen. Schneider-Manzell hat hier versucht, das Wort der Bibel mit den neuen Erkenntnissen der Wissenschaft zu verbinden. Mit der Begrenzung und Strukturierung des Chaos kann das eigentliche Werk der Schöpfung beginnen.

Nach der Schilderung der Genesis ist die Schöpfung ein Sechstagewerk Gottes. In hymnischen Versen wird kein wissenschaftliches Weltbild entworfen, sondern ein Loblied auf Gott den Schöpfer und seine Schöpfung gesungen, das im siebten Tag, dem Sabbat als Ruhetag, seinen Höhepunkt hat.
Am sechsten Schöpfungstag aber wird deutlich, für wen Gott dies alles

macht: „Dann sprach Gott: lasst uns Menschen machen als unser Abbild, uns ähnlich. Sie sollen herrschen über die Fische des Meeres, über die Vögel des Himmels, über das Vieh, über die ganze Erde und über alle Kriechtiere auf dem Land. Gott schuf also den Menschen als sein Abbild; als Abbild Gottes schuf er ihn. Als Mann und Frau schuf er sie."

Mann und Frau **(Relief 3)** schauen einander an, ehrfürchtig staunend, neugierig. Es ist ein Bild der Harmonie und des Friedens. So hat Gott seine Schöpfung gewollt. Die Menschen in Einheit miteinander und mit der Natur.

Auflehnung gegen Gott

Aber deutet sich nicht schon der Beginn der Zerstörung an? Die Frucht in der Hand Evas wird zum Symbol der Auflehnung gegen Gott werden. Auf der linken Seite des Baumes blickt durch die Blätter der Kopf der Schlange, Sinnbild der Verführung zum Bösen. In seiner gefährlichen Freiheit greift der Mensch nach dem Baum der Erkenntnis. Und die Erkenntnis war der Anfang der Scheidung von Gut und Böse, aber auch von Gott und Mensch, von Himmel und Erde und zwischen Mensch und Mensch.

Mindestens zum Teil hat die Schlange recht behalten, als sie versprach, dass ihnen die Augen aufgehen würden, sobald sie von der verbotenen Frucht äßen. In jeder Lüge steckt ein Körnchen Wahrheit. Den Sündern gehen die Augen auf, und sie gewinnen auch ein Wissen, das sie bisher nicht hatten, aber nicht ein göttliches Wissen, sondern das Wissen um die menschliche Erbärmlichkeit.

Keine Vertreibung hat Schneider-Manzell dargestellt. Adam und Eva wissen selbst, dass sie hier nichts mehr zu suchen haben **(Relief 4, siehe Abb. auf Seite 13)**. Eigentlich waren sie einander gegeben, damit „der Mensch nicht allein sei". Nun isolieren sie sich durch den Versuch, die Schuld jeweils auf den andern abzuschieben, nicht nur gegen Gott, sondern auch gegeneinander. Jeder für sich gehen sie gebeugt davon. Eva schaut sich noch einmal um, aber es gibt keine Rückkehr mehr.

Die Bibel führt alle Mühsal, die den Menschen treffen kann (Schwangerschaft der Frau, harte Arbeit des Mannes, Probleme in der Partnerschaft) auf diesen Sündenfall zurück. Sie vergisst aber auch nicht Gottes Fürsorge zu erwähnen, die dem Menschen zeigt, wie er nach dieser Katastrophe zu Nahrung und Kleidung kommt. Gott hat dem Menschen mit der Verbannung keineswegs die erfinderischen Kräfte genommen, mit denen er sich die Erde nutzbar machen kann. Dem vom Ackerboden genommenen „Erdling" wird die Aufgabe anvertraut, die Erde in harter Arbeit in Kulturland zu verwandeln.

Die einmal in die Menschheit eingebrochene Sünde wirkt in den Nachkommen des ersten Menschenpaares weiter; die Auflösung der menschlichen Gemeinschaft setzt sich fort und führt sogar zum Brudermord **(Relief 5)**. Kain, der Erstgeborene, hat es übernommen, „den Ackerboden zu bearbeiten", Abel wendet sich der Viehwirtschaft mit Schafen und Ziegen zu. Für die Bevölkerung ist die eine Tätigkeit so wichtig wie die andere. Aber es bleibt nicht aus, dass man sich gegenseitig misstrauisch beäugt, weil jeder nur die Vorteile des anderen und die eigenen Nachteile sieht. Der Hirte vermag den Arbeitsaufwand des Bauern nicht recht einzuschätzen, und der Bauer nicht die Mühe des Hirten.

Beide bieten Gott Gaben an aus den Erträgen ihrer Arbeit und bitten ihn mit ihrem Opfer um seinen Segen. Woran aber sehen sie, dass Gott „auf die Gabe des einen schaut, auf die des anderen nicht?" Es liegt nah, den Segen Gottes dort zu suchen, wo er „messbar" ist. So mag Kain einen Rückschlag in der Ernte erlebt haben, etwa durch Hagelschlag oder lange

Der Turmbau zu Babel – in der Bibel der Inbegriff der Konzentration widergöttlicher Macht, des Hochmuts, der Gottesfeindschaft und des Sittenverfalls (Relief 8).

Trockenheit, während Abel Glück mit seinem Vieh hatte, das vor Seuchen bewahrt blieb und viel Nachwuchs brachte. Kain wurde neidisch und zum Mörder. Er wurde damit zum Typus für alle Menschen, die fähig sind, ihren Bruder zu töten, und zum Typus von Brudervölkern, die in jahrhundertelanger Geschichte sich gegenseitig auszurotten suchen, und sei es um des verschiedenen Glaubens willen. Die Frage Gottes „wo ist dein Bruder Abel", ist der zeitlose Hinweis, dass der Mensch immer für das Wohl seiner Brüder und Schwestern mitverantwortlich ist.

Babel-Babylon **(Relief 8)** ist in der Bibel der Inbegriff der Konzentration widergöttlicher Macht, des Hochmuts, der Gottesfeindschaft und des Sittenverfalls. Sprichwörtlich ist sie die Stadt für die Sprachenverwirrung geblieben.
„Alle Menschen", so die Bibel, „hatten die gleiche Sprache". Als sie sich im

Land Schinar niederließen, erfasste sie die Sorge, sie könnten sich entzweien. Deshalb beschlossen sie, die ganze Bevölkerung in eine große Stadt zusammen zu ziehen und in ihr einen gewaltigen Turm bis zum Himmel zu bauen, als Zeichen ihrer Macht.
Die Geschichte vom Turmbau fasst die Ohnmacht eines autoritären Staates und jeder überheblichen Institution oder Organisation in einem Bild zusammen. Von Anfang an ist ja die Angst vor den Abweichlern da. Aber siehe da: alle eingeführten Zwänge, die Mauern, die um die Stadt gezogen werden, die Ordnungen und die himmelragenden Türme verhindern es nicht, dass Streit durchbricht, man sich nicht mehr versteht und auseinander läuft.

Zeichen der Hoffnung

Fest und unverrückbar steht die Arche Noach auf dem Fels **(Relief 6, siehe Abb. auf Seite 17)**. Dicht geschlossen sind die Fugen, das Deck und die drei Stockwerke. Noach hat in die Arche gepackt, was nur möglich war.
Gott hatte die große Flut geschickt, weil er sah, wie die „Schlechtigkeit des Menschen zunahm". „Ich will den Menschen, den ich erschaffen habe, vom Erdboden vertilgen... denn es reut mich, ihn gemacht zu haben" (Gen 6,7). Aber ganz möchte er seine Schöpfung nicht zerstören; mit Noach soll es einen neuen Anfang geben. Er selbst, seine Familie und die für das menschliche Leben notwendigen Tiere sollen gerettet werden. Und nun steht die Arche wieder auf festem Boden in der Erwartung, dass Fenster und Türen zu einem neuen Anfang geöffnet werden.
Gott weiß allerdings, dass mit dieser Strafe das Böse auf der Erde nicht verschwunden ist. Die Menschheit hat letztlich nichts dazu gelernt. Aber in feierlicher Sprache gibt er die Garantie, dass der Mensch sich künftig auf die Weltordnung verlassen kann.
„So lange die Erde besteht, sollen nicht aufhören Aussaat und Ernte, Kälte und Hitze, Sommer und Winter, Tag und Nacht" (Gen 8,22).
Und als Bekräftigung setzt Gott seinen Bogen in die Wolken. „Steht der Bogen in der Wolken, so werde ich auf ihn sehen und des ewigen Bundes gedenken zwischen Gott und allen lebenden Wesen" (Gen 9.16). Der Künstler hat den Bogen mit fester Hand über die Arche gespannt. Für uns wird er nach jedem Gewitter neu in die Wolken gemalt.

Die Pflanzung des Weinstocks durch Noach **(Relief 7)** ist sicherlich keine heilsgeschichtliche Schlüsselstelle, eher eine schöne Gabe an die Pfalz mit ihren weiten Rebenhängen. Was wäre die Pfalz ohne die „Erfindung" Noachs?
Es gibt ohne Zweifel Früchte, die lebenswichtiger sind als Trauben. Aber wer Wein pflanzt, muss in Jahrzehnten denken können. Weinbau ist auf Dauer ausgerichtet und auf Frieden. Und so heißt: „Frieden schaffen" im Alten Testament auch „aus Lanzen Winzermesser schmieden" (Jes 2,4; Joel 4,10).
Der Wunsch nach Frieden nimmt in diesem Bild Gestalt an.

„Im Glauben gehorchte Abraham dem Ruf, auszuziehen in ein Land, das er zum Erbe erhalten sollte. Und er zog aus, ohne zu wissen, wohin er kommen würde" (Hebr 11,8). Dem Auszug folgt ein Nomadendasein, von dem Abraham nicht weiß, wo es enden wird. Dazu kommt das Schlimmste für ihn: wenn er wenigstens Kinder hätte, dann hätte seine Mühe ein Ziel. Aber seine Frau gilt als unfruchtbar und so hat das Leben für ihn keine Zukunft.
Dennoch gehorcht Abraham dem Ruf. Er verlässt sich darauf, dass Gott schon weiß, was er mit ihm vor hat. Und er glaubt auch an das Wort Gottes, als dieser ihn aufs Feld führt und zu ihm spricht: „Sieh doch zum Himmel hinauf, und zähl die Sterne, wenn

Die Arche Noachs. Gott hatte eine große Flut geschickt. Mit Noach soll es einen neuen Anfang geben (Relief 6/Text Seite 16).

du sie zählen kannst... so zahlreich werden deine Nachkommen sein" (Gen 15,5; **Relief 9).**

Gott hat seine Verheißung an Abraham erfüllt. Seine Frau gebiert ihm Isaak. Dessen Sohn Jakob wird Vater der zwölf Stämme Israels sein, die der Künstler durch die zwölf Sterne angedeutet hat. Aber auch viele arabische Stämme führen ihre Abstammung und ihren Glauben auf Abraham zurück. Gemäß der Bibel gilt der Segen auch für Ismael, den Sohn Abrahams und der ägyptischen Magd Hagar, der seinerseits zwölf Söhne hat, die zu zwölf Stammvätern werden.

Das zentrale Geschehen im Alten Testament ist der Bund, den Gott mit seinem Volk geschlossen und am Sinai besiegelt hat (Ex 24,8). Gott versichert es seiner Nähe und Treue. Das Volk seinerseits verpflichtet sich, die Gebote zu halten und keinen fremden Göttern nachzulaufen. Mose ist der

Mittler, der die Worte Jahwes dem Volk überbringt **(Relief 11, siehe Abb. auf Seite 12 oben).**
Gott spricht die Israeliten nicht als ihr Herr an, er erinnert sie vielmehr daran, wie sie ihn bis jetzt erlebt haben: „Ich bin Jahwe, dein Gott, der dich aus Ägypten geführt hat; aus dem Sklavenhaus". Sie haben am eigenen Leib erfahren, dass Gott es gut mit ihnen meint. Gerade im Blick auf ihr eigenes Leben können sie Gottes guten Willen nicht bestreiten. Deshalb dürfen sie ihm auch abnehmen, dass er die Gebote gibt, nicht um sie in Herrschaft zu halten, sondern um sie in die Freiheit zu führen. Gott will nicht, dass Israel ihm nur deshalb gehorcht, weil er als Gott befiehlt. Gott möchte, dass Israel sich für ihn entscheidet, weil es seine Fürsorge erfahren hat.
Die Zehn Gebote sind keine Drohung, sondern Weisung zum Leben, allerdings mit einem hohen Anspruch, dem der Mensch nur gerecht werden kann mit der Hilfe Gottes.

Der Enkel Abrahams, Jakob, gilt als der Begründer der zwölf Stämme Israels, die jeweils den Namen eines seiner Söhne tragen. Jakob war der jüngere der beiden Söhne Isaaks, ein Mann voller List, der seinen Bruder Esau um das Erstgeburtsrecht betrog und deshalb fliehen musste. Nun kehrt er zurück und hofft seinen Bruder gnädig stimmen zu können. In der Nacht vor dem Zusammentreffen lässt er seine Familie den Jabbok überqueren, einen kleinen Fluss im nördlichen heutigen Jordanien, und bleibt allein zurück. Da stellt sich ihm ein Mann entgegen und ringt mit ihm **(Relief 10).**
Der Künstler hat den Mann – wohl im Anklang an den Propheten Hosea (Hos 12,5) – als Engel dargestellt. Dieser überragt Jakob um Haupteslänge, packt ihn am linken Arm und „schlägt ihm aufs Hüftgelenk" (Gen. 32,26). Aber es gelingt ihm nicht, Jakob zu überwältigen. Der hält ihn fest und lässt ihn erst los, nachdem er von ihm gesegnet ist. Da wird ihm gesagt, dass er nicht mit irgendeinem Menschen oder Engel gerungen habe, sondern mit Gott selber.
Juden und Christen haben diesen Kampf stets verstanden als das beharrliche Ringen des Menschen mit Gott, sei es im Gebet, sei es in der Bewältigung der Lebensaufgabe. „Ich lasse dich nicht los, wenn du mich nicht segnest" bedeutet das Festhalten des Menschen an Gott auch bei Enttäuschungen und Erfolglosigkeit und das Vertrauen auf seine Hilfe trotz mancher Schläge, die er einstecken muss.

Geheimnis der Erlösung

Mit dem **Relief „Verkündigung" (12, siehe Abb. auf Seite 19)** wird ein anderes Kapitel der Heilsgeschichte aufgeschlagen. Gottes Sohn kommt in die Welt, um die Menschheit zu erlösen. Hier ist der Augenblick festgehalten, in dem die Antwort Mariens erwartet wird. Der Engel hat seine Botschaft überbracht: „Du hast bei Gott Gnade gefunden. Du wirst ein Kind empfangen, einen Sohn wirst du gebären; dem sollst du den Namen Jesus geben. Er wird groß sein und Sohn des Höchsten genannt werden" (Lk 1,30–32).
Der Blick, die Hand, die Flügel des Engels – alles ist gespannte Erwartung. Es ist so zusagen der ewige Augenblick festgehalten zwischen der Verwirrung Mariens und ihrer Hingabe an den göttlichen Willen. Das Wort, das ewige Wort des Vaters, findet Wohnung in ihr. Der gesammelte Blick und die ausgebreiteten Hände scheinen zu sagen: „Ich bin die Magd des Herrn; mir geschehe, wie du es gesagt hast" (Lk 1,38).

Der Blick geht sofort weiter zum lehrenden Christus **(Relief 14, siehe Abb. auf Seite 43).** Es ist der Auferstandene und erhöhte Herr, der uns da gegenüber sitzt. Die rechte Hand weist zum Vater, mit der linken lädt er ein, seinem Wort zu folgen. Diese

Die Verkündung des Engels an Maria: „Du hast bei Gott Gnade gefunden ... Du wirst ein Kind empfangen, dem sollst Du den Namen Jesus geben. Er wird Sohn des Höchsten genannt werden" (Relief 12/Text Seite 18).

Darstellung erinnert nicht nur an die Predigt Jesu auf den Straßen Palästinas und am Berghang zum See Genezareth. Christus spricht den heutigen Betrachter an. Er weist ihm den Weg zum Vater. Wer durch dieses Portal in den Kirchenraum eintritt, ist eingeladen, sein Wort zu hören und in das eigene Leben aufzunehmen.

In Kreuz und Auferstehung **(Relief 21 u. 22, siehe Abb. auf Seite 11 u. 21)** vollendet sich das Werk der Erlösung. Die Kreuzigungsszene ist über dem lehrenden Christus angebracht. Das Kreuz ergibt sich sozusagen aus dem Leben und Wirken Jesu. Zwangsläufig? Musste Christus dies alles leiden? Wie sollen wir das verstehen, dass Gott seinen Sohn hingab? Passion kann übersetzt werden mit „Leiden" und „Leidenschaft". Was uns an Jesus Christus anspricht, ist seine Leidenschaft für das Leben: Wo Kranke geheilt, Aussätzige angenommen, Sünden nicht vergolten, sondern vergeben werden, da ist Leben gegenwärtig, befreites, erlöstes Leben, mitten unter uns.

Und deshalb finden wir in der Umgebung Jesu den ganzen Jammer der Menschheit, all jene die leben wollen, aber nicht können oder nicht dürfen: Besessene, unheilbare Kranke, Lahme, Blinde, Ausgestoßene. Alle spüren das Leben, das Jesus um sich verbreitet durch seine Hingabe, seine Leidenschaft für den Menschen. So kommt er auch in seine Stadt Jerusalem, um dort den Geplagten und Unterdrückten von der Liebe Gottes zu künden. Er will die Menschen zur Freiheit der Kinder Gottes führen. Und dafür nimmt er den Tod auf sich? Je mehr wir darüber nachdenken, desto unausweichlicher wird die Antwort: Ja, das ist die Konsequenz. Liebe zum Leben wirkt nur dann ansteckend, wenn sie bereit ist zum Leiden, wenn sie bereit ist, vom eigenen Leben etwas dran zu geben.

Das Kreuzigungsrelief strahlt eine große Ruhe aus. Der Herr hat seinen Weg vollendet. „Maria und Johannes stehen bei ihm, stellvertretend für alle, die stark und bereit sind, sein Schicksal zu teilen und sein Heilswerk fortzuführen im Glauben an sein Wort: wenn ich erhöht sein werde, werde ich alle an mich ziehen (Joh 12,32)" (Ph. Weindel).

Die schweren Mauern zeigen Risse: Triumphierend steht der Auferstandene vor dem Grab **(Relief 22).** Er trägt zwar noch die Zeichen der Marter an Händen und Füßen, aber Leid und Tod sind überwunden.

Wenn es beim Kreuz geblieben wäre, wäre die ganze Geschichte Jesu sinnlos zu Ende gegangen. Dann wäre seine Liebe gescheitert. Dann wäre aber auch unser Glaube sinnlos. Hier geht es um den Kern der Christlichen Botschaft. Ist unser Leben mit dem Tod endgültig zu Ende, oder ist dem Tod das letzte Wort genommen?

Wieder ist der Betrachter unmittelbar angesprochen. So viele Gräber kennen wir, so viele Opfer menschlicher Geschichte, so viele Leben, die brutal zerstört worden sind – muss es da nicht doch einen Gott geben, der all den Leidenden und den Opfern menschlicher Bosheit Gerechtigkeit wird widerfahren lassen? Ohne die Hoffnung auf die Auferstehung wäre diese Welt zum Verzweifeln und unser Leben sinnlos.

Nach der Auferstehung Jesu formt sich die Junge Gemeinde **(Relief 24, siehe Abb. auf Seite 10 unten, und Relief 25).** Zunächst ist die Jüngerschar noch ein ängstlicher, verschüchterter Haufen, der sich einerseits einschließt und andererseits auseinander fällt. Auch der Jünger Kleopas und sein Gefährte streben von Jerusalem weg. Da gesellt sich der Auferstandene zu ihnen und verwickelt sie in ein Gespräch über ihre Erwartungen an Jesus und ihre Enttäuschung. Und er versucht ihnen aus den Schriften des Alten Testaments den Leidensweg Jesu zu deuten.

Höhepunkt der Geschichte ist das gemeinsame Mahl **(Relief 24),** bei dem Jesus das Brot nimmt, den Lobpreis spricht, das Brot bricht und es ihnen reicht. Da gehen ihnen die Augen auf und sie erkennen ihn. Und jetzt wissen sie und weiß auch künftig die Gemeinde, wie sie dem Herrn immer wieder begegnen können: indem sie das Wort der Schrift bedenken und als Gemeinschaft in seinem Auftrag das Brot brechen.

Auch die zweite dargestellte Begegnung **(Relief 25)** geschieht im Hinblick auf die Gemeinde. Obwohl in dieser Szene auch die anderen Jünger dabei waren, stehen sich hier nur Jesus und Petrus gegenüber. Dreimal fragt Jesus: Simon, Sohn des Johannes, liebst du mich? Die dreimalige Frage macht Petrus traurig: Sie erinnert ihn an sein dreifaches Versagen und sie lässt ihn ganz einfach ohne jedes Pathos antworten: „Herr du weißt alles, du weißt, dass ich dich lieb habe" (Joh 21,17). Erst dann erhält er Teilhabe am Hirtenamt Jesu Christi. Es sollte in der Gemeinde nie vergessen werden, dass die Liebe zu Jesus Christus die Voraussetzung für jedes Amt ist.

Die Auferstehung Christi. Triumphierend steht der Auferstandene vor dem Grab. Leid und Tod sind überwunden (Relief 22/ Text Seite 19f.)

Versuchung, Zweifel, Verrat

Man kann darüber geteilter Meinung sein, ob es richtig ist, die folgenden **Reliefs (15, 17, 19, 20 u. 23)** unter eine Überschrift zu bringen. Sie zeigen, dass auch der Mensch Jesus versucht wurde, dass auch die Apostel von Zweifeln nicht verschont blieben und dass sogar zwei aus dem Zwölferkreis in der Stunde der Bewährung versagten.

Auf dreifache Weise wird Jesus versucht, seine Sendung zu verfälschen **(Relief 15)**.
„Befiehl, dass aus diesen Steinen Brot wird" (Mt 4,3). Mit Brot und Spielen haben die römischen Kaiser die Menschen gefügig gemacht. Es ist die Versuchung zu sagen: Der Mensch weiß mit seiner Freiheit nichts anzufangen. Machen wir ihn satt, dann können wir über ihn verfügen.
Die zweite Versuchung: Stürze dich von der Zinne des Tempels! Wenn die Menschen diese Show sehen, werden sie glauben. Aber was wäre das für ein Glaube?!
Und schließlich die Versuchung zur Macht, Herr zu sein über alle Reiche der Welt. Wäre es tatsächlich so verwerflich, wenn Jesus die Herrschaft über die Welt übernommen hätte? Besteht nicht ständig der Vorwurf: Warum greift Gott nicht ein, warum lässt er das Unrecht zu? Warum stürzt er die Diktatoren nicht? Warum hat Jesus die Weltherrschaft nicht angetreten?
Der Künstler hat den Augenblick festgehalten, in dem die Auseinandersetzung entschieden ist: „Weg mit dir, Satan!" Das Reich Gottes, das Jesus verkündet, ist nicht gestützt auf Macht oder Magie, sondern auf Freiheit und Liebe.

Relief 17 steht gegen den Kleinglauben der Christen. Ängstlich, flehend und zugleich staunend schauen die Jünger zu Jesus auf, der ruhig in dem kleinen Boot steht und dem Sturm und den Wellen gebietet.
Als sie vom Ufer abgefahren waren, da war der See noch ruhig. Aber der See Genezareth ist tückisch. Plötzlich brach ein Sturm los, so dass das Boot unterzugehen drohte. „Jesus aber schlief". Voller Angst blickten die Jünger zu ihrem Meister und schrieen um Hilfe. Sie mussten sich den Vorwurf gefallen lassen, kein Vertrauen zu Jesus zu haben, obwohl er doch bei ihnen im Boot war. Ein Lehrstück für die Jünger, ein Lehrstück für die Kirche. Warum ist euer Glaube so klein? Jesus ist doch im Schiff; im Schiff der Kirche, die von den Stürmen der Zeit geschüttelt wird, im Schiff eines jeden Lebens, auch wenn die Segel vom Sturm zerrissen sind.

Thomas **(Relief 23, siehe Abb. auf Seite 10 oben)** steht mit seinem Zweifel für die vielen, die nur anerkennen können, was mit Händen zu greifen ist. Der Auferstandene geht sogar auf die Bedingung des Jüngers ein, weist ihn aber zugleich zurecht: „Selig, die nicht sehen und doch glauben".

Die **Reliefs 19 (siehe Abb. auf Seite 23) und 20** erzählen uns von Zweien aus dem Zwölferkreis, die in der Stunde der Bewährung versagten.
Judas verrät den Herrn mit einem Kuss. Als ob die Christen alle eigene Untreue in den Verrat des Judas projizieren wollten, wurde dieser Jünger im Laufe der Geschichte immer mehr zur Verkörperung des Bösen. Der Mann aus Kariot war der einzige Nichtgaliläer im Zwölferkreis. Nichts in den Evangelien deutet daraufhin, dass zwischen ihm und Jesus eine Gegnerschaft bestanden hätte. Vielleicht waren seine Erwartungen an Jesus andere, vielleicht wollte er einen politischen Messias, der die Fremdherrschaft abschütteln sollte. Jesus nennt ihn noch im Augenblick des Verrats seinen Freund. Aber schon in den Evangelien wird er zum Heuchler und Habgierigen, zum Dieb und Betrüger und in späteren Jahrhunderten zum Werkzeug des Teufels, zum

Der Verrat des Judas. Der Apostel versagte in der Stunde der Bewährung (Relief 19/ Text Seite 22).

einzigen Menschen, bei dem man mit Bestimmtheit sagen könne, dass er verdammt sei (in Berufung auf Mk 14,21). Wir dürfen aber auch für Judas annehmen, dass Gottes Barmherzigkeit größer ist als menschliche Schuld.

Und Petrus? **(Relief 20)** War sein Auftritt ruhmreicher? Als Jesus beim Abendmahl von dem bevorstehenden Verrat sprach, da zeigte sich Petrus empört, dass einer aus dem Kreis der Apostel so etwas tun könne. Großsprecherisch erklärte er sich bereit, mit Jesus in den Tod zu gehen. Aber als Jesus gefangen wurde, floh er wie alle anderen. Zwar traute er sich später in den Hof des Gerichts, um den Ausgang des Prozesses gegen Jesus zu erfahren. Aber als er hörte, wie man über den Nazarener spottete und sich über ihn lustig machte, da packte ihn die Angst. Um seine Haut zu retten, behauptete er, Jesus überhaupt nicht zu kennen.

Der Hahnenschrei erinnerte ihn an die Voraussage Jesu: „Ehe der Hahn zweimal kräht, wirst du mich dreimal verleugnen“ (Mk 14,72). Das Relief hält den Augenblick fest, in dem Petrus erkennt, wie erbärmlich er sich verhalten hat. Im Unterschied zu Judas hat Petrus wieder zu Jesus zurückgefunden.

Heil für alle

Die folgenden drei Reliefs **(13, 16 u. 18)** zeigen auf, wie Jesus die gesetzten Grenzen überschreitet.

Auf dem ersten **Relief (13, siehe Abb. auf Seite 25)** sehen wir die drei bekannten Könige, die dem Jesuskind huldigen. Zu Königen hat sie die Legende gemacht gemäß dem Wort des Propheten Jesaja, dass Könige nach Jerusalem kommen mit Weihrauch und Gold, um die Taten Gottes zu verkünden (vgl. Jes 60,1–6). Genauer zu bezeichnen wären sie wohl als Astronomen oder gar Naturwissenschaftler in dem Sinn, in dem es damals Wissenschaft gab. Aus fernen Ländern kommen sie und sind auf der Suche nach dem Herrn der Erde und der Gestirne.
Bereits an der Krippe stehen also Vertreter aus den Heidenvölkern und sagen uns, dass dieses Kind für alle Menschen auf die Welt gekommen ist, nicht nur für ein bestimmtes Volk.

Auf dem Gebiet Samariens, auf dem Weg von Jerusalem nach Galiläa, liegt der Jakobsbrunnen. Das halbheidnische Mischvolk der Samariter hatte sich auf dem Berg Garizim einen eigenen Tempel gebaut, weil die Samariter wegen ihres „unreinen“ Glaubens in Jerusalem nicht mitopfern durften. Das Verhältnis zwischen Juden und Samaritern war von Feindseligkeit geprägt. Ein Jude redete nicht mit einem Samariter und schon gar nicht mit einer samaritischen Frau.
Jesus sitzt auf dem Rand des Brunnes **(Relief 16)** und verwickelt die Frau in ein Gespräch, das mit der Bitte um Wasser beginnt und schließlich um die Glaubensgegensätze kreist. Wo muss man anbeten, wenn man es in der rechten Weise tun will, in Jerusalem oder auf dem Berg Garizim? Jesus hebt den religiösen Gegensatz in einer neuen Einheit auf. Die wahre Gottesverehrung hängt nicht an diesem oder jenem Ort, sondern geschieht im Geist und in der Wahrheit. Die wahre Gottesverehrung besteht darin, dass Menschen im Geist Jesu Gott als ihren Vater anbeten.

Nein, Gelehrte, Angehörige der höheren Schichten, gar Mitglieder des Hohen Rates dürfen diesem Jesus nicht nachlaufen. Der ist eher da für Fischer, Zöllner, arme Leute. Und doch hat sein Wort auch den einen oder anderen der Schriftgelehrten nachdenklich gemacht. Nikodemus gehört dazu, ein führender Mann unter den Juden **(Relief 18)**. Er kommt bei Nacht, um nicht gesehen zu werden. Nachdenklich den Kopf in die Hand gestützt, hört er zu. Jesus erzählt ihm vom Reich Gottes, in das nur eintreten kann, wer ein neuer Mensch wird und sich auf den Geist Gottes einlässt. Und von der Liebe Gottes zu den Menschen, die sich vor allem darin zeigt, dass er seinen Sohn in die Welt sandte, um die Welt durch ihn zu retten.
Der Blick des Nikodemus lässt erahnen, dass er nicht alles versteht. Aber die Worte Jesu sind nicht ohne Eindruck geblieben. Als es zum Prozess gegen Jesus kommt, wird Nikodemus im Hohen Rat für ihn eintreten. Und zusammen mit Josef von Arimathäa wird er für eine würdige Bestattung des Gekreuzigten sorgen.

Das Tympanon

Das Tympanon zeigt Jesus inmitten einer Schafherde **(Abb. auf Seite 9)**. Es ist nicht der Weltenrichter, der so oft an mittelalterlichen Portalen thront und die Schafe von den Böcken scheidet. Es ist der Gute Hirt, wie er im

Huldigung der Weisen. Die Vertreter aus den Heidenvölkern sagen uns, dass dieses Kind für alle Menschen auf die Welt gekommen ist, nicht nur für ein bestimmtes Volk (Relief 13/Text Seite 24).

Johannesevangelium beschrieben wird, dem sich die Schafe zuwenden, zu dem sie Vertrauen haben. Anklänge an römische Basiliken werden wach. Sicherlich ist diese Darstellung aber auch beeinflusst von dem Vorgänger-Tympanon, das, in Stein geschlagen, Jesus als den Guten Hirten darstellte mit dem Schriftwort „Ego sum ostium ovium" (Ich bin die Tür zu den Schafen).

Das neue Tympanon trägt die Inschrift „ut unum sint" (mögen sie eins sein). Dieses Wort ist dem hohenpriesterlichen Gebet Jesu (Johannesevangelium) entnommen als flehentliche Bitte an den Vater, aber ebenso als Auftrag an die Jünger. Alle, die an Jesus Christus glauben, mögen eins sein, weil nur dadurch ihr Zeugnis in der Welt glaubwürdig wird.

Die Inschrift ist auch ein Zeitzeugnis, da in den Jahren nach dem II. Vatikanischen Konzil der Wunsch nach Einheit im Glauben neu aufgebrochen war.

Das Tympanon auf der Innenseite des Bronzeportals zeigt die Pfingstszene: Maria im Kreis der Apostel bei der Sendung des Heiligen Geistes. Maria ist die Patronin des Kaiserdomes und der Diözese Speyer. Das Bild weist auch auf das Sakrament des Heiligen Geistes hin, auf die Firmung (Relief 55).

Die Innenseite des Portals

Ein wunderbares Stufenportal bietet sich dem Betrachter dar, das besonders eindrucksvoll wirkt, wenn man einen Standort etwa in der Mitte des Hauptschiffes wählt. Zur Besichtigung der Tafeln des Portals muss man dann wieder recht nahe herangehen, da die Reliefs auf der Innenseite flacher gehalten und nicht so leicht zu lesen sind. Auch dürften nicht jedem Besucher die historischen Ereignisse und die Beziehung der dargestellten Personen zum Kaiserdom gegenwärtig sein.

„Was an Demut und Anmaßung, an Verleumdung und Hingabe, an Verrat und Treue, an Zweifel, Wahn und Mord, an Erkenntnis und Glaubensfestigkeit in jenem Jahrhundert schicksalhaft für den Einzelnen und ein Geschlecht, für die kirchliche und weltliche Hierarchie, für Geisterfahrung und Geisterkenntnis förderlich, hemmend oder zerstörend bewusst wird, bestimmt den Inhalt der einzelnen Reliefs“ (U. Gertz „Das Münster“ 1971).

Das Tympanon

Krönung der Innenseite und Schlüssel für das Verständnis ist die Pfingstszene im Tympanon: Maria im Kreis der Apostel bei der Sendung des Heiligen Geistes.

Das Ereignis der Geistsendung ist zugleich Zusage und Bitte. Zusage, weil Jesus seinen Jüngern versprochen hat, sie durch den Geist in alle Wahrheit einzuführen und mit ihnen zu sein bis zum Ende der Zeiten; aber zugleich Bitte, weil die Menschen sich nicht selten widerständig, ja widerspenstig gegen den Heiligen Geist gezeigt haben. Das Portal ist ein Zeugnis des „Dennoch“, dass Gottes Geist trotz allen menschlichen Versagens in der Geschichte wirkt.
Maria in der Mitte der Apostel: Sie ist die Patronin des Domes und der Diözese. Die salischen Kaiser, besonders Heinrich IV., waren große Marienverehrer. Der Dom ist seit Jahrhunderten Ziel vieler Wallfahrer, die sich auch heute noch am Hauptfest, dem 15. August, zahlreich zu Gottesdienst und Prozession versammeln.

Die Pfingstszene (Abbildung auf der gegenüberliegenden Seite) und die Reliefs im Zentrum der Innenseite des Portals verweisen auf die sieben Sakramente (Reliefs 27–32 und 55).

Das Bild weist auch auf das Sakrament des Heiligen Geistes hin, auf die Firmung. Hier in der Bischofskirche wird in der Karwoche im Beisein vieler Jugendlicher das Heilige Chrisam geweiht, mit dem die Firmlinge durch den Bischof gesalbt werden.

Die einzelnen Tafeln

Im Zentrum der Tür sind die Symbole der sechs weiteren Sakramente angeordnet. Das besondere Symbol für jedes Sakrament soll durch eine direkte Illustration aus der Geschichte des Domes und der bedeutendsten Gestalten seiner Erbauungszeit gestützt werden.

Grundsakrament ist die Taufe **(Relief 27)**, dargestellt in den Zeichen von Wasser und Licht. Wir erinnern uns an das Gespräch Jesu mit Nikodemus: „Wenn jemand nicht aus Wasser und Geist geboren wird, kann er nicht in das Reich Gottes kommen" (Joh. 3,5).

Der Taufe zugeordnet ist der Erzengel Michael **(Relief 33)**. Der Künstler gibt dazu folgende Erklärung: „Der Erz-

oben: Heinrich IV. in Canossa (Relief 34).

unten: Heinrich III. und Agnes (Relief 37/Text Seite 29)

engel Michael, Patron des Deutschen Volkes, der Seelengeleiter, dem in vielen romanischen Kirchen die Kapelle am Eingang geweiht ist, erinnert durch seinen Namen – wer ist wie Gott? – an die Frage vor der Taufe: widersagst du dem Satan? Und damit an das Anfangssakrament unseres christlichen Lebens".

Neben dem Sakrament der Taufe sehen wir das Sakrament der „Gnade des Neu-Anfangen-dürfens" (Kath. Katechismus), der Buße **(Relief 28).** Die Stola erinnert an die dem apostolischen Amt übertragene Vollmacht: „Wem ihr die Sünden vergebt, dem sind sie vergeben; wem ihr die Vergebung verweigert, dem ist sie verweigert" (Joh 20,22–23).

Es macht einige Schwierigkeiten, den Gang nach Canossa **(Relief 34)** auf der Ebene des Bußsakramentes zu sehen. Die Lösung vom Bann und die Sündenvergebung können nicht gleich gesetzt werden. Toni Schneider-Manzell hat die Verknüpfung wohl darin gesehen, dass in beiden Fällen dem Papst die Vollmacht des Lösens zustand.

Die Priesterweihe **(Relief 29)** wird durch die Bischofsmitra symbolisiert. Das korrespondierende Bild **(Relief 35),** das Gregor VII. bei der Weihe eines Bischofs zeigt, lässt an den Investiturstreit denken und an den Anspruch des Papstes, unabhängig von weltlicher Macht die kirchlichen Ämter zu besetzen.

Die Totenlampe **(Relief 30)** und der todkranke König Rudolf, der nach Speyer reitet, um dort zu sterben **(Relief 36),** sollen auf die Krankensalbung verweisen. „Seit der nachkonziliaren liturgischen Erneuerung gehört die Krankensalbung normalerweise nicht mehr zum „Versehgang" bei unmittelbarer Todesgefahr, sondern in den Zusammenhang des Krankenbesuchs im Geist des Evangeliums, der Krankenseelsorge ... So empfiehlt die Kirche durch Salbung und Gebet den Kranken dem leidenden und verherrlichten Herrn, dass er ihn aufrichte und rette ..." (Kath. Katechismus).

Otto von Bamberg, einer der Baumeister des Domes zu Speyer. Otto hielt sich an die Pläne seines Vorgängers Benno von Osnabrück, setzte aber eigene Akzente (Relief 39/Text Seite 31).

Als Beispiel für das Sakrament der Ehe **(Relief 31,** Ring und Stola) wird das Paar Heinrich III. und Agnes dargestellt **(Relief 37, siehe Abb. Seite 28).**

Kelch und Patene sind die Zeichen für die Feier der Eucharistie **(Relief 32).** Die sonntägliche Heilige Messe, wie sie im Dom seit fast einem Jahrtausend gefeiert wird, ist der wichtigste Ausdruck des christlichen Lebens und des Lebens einer christlichen Gemeinde.

Wenn diesem Sakrament der lehrende Anselm von Canterbury zugeordnet ist **(Relief 38),** so erinnert uns das daran, dass im Lauf ihrer Geschichte die Kirche die wirkliche Gegenwart Jesu in der Eucharistie immer wieder verteidigen und zugleich tiefer erklären musste. Gegen die falschen Lehren des Berengar von Tours war das Kloster Bec in der Normandie mit seinen beiden Äbten Lanfranc und Anselm (beide nacheinander auch Erzbischöfe von Canterbury) Verteidiger des rechten Eucharistieverständnisses.

Die unterste Reihe der Reliefs führt uns zum Dombau.
Konrad II., Graf vom Speyergau, wurde nach dem Tod des Sachsenkaisers Heinrich II. (1024) zum Deutschen König gewählt und drei Jahre später (1027) in Rom zum Kaiser gekrönt. Ein solches Amt bedurfte eines repräsentativen Mittelpunkts. So beschloss er, in Speyer einen neuen Dom zu bauen, der zugleich Grablege seines Geschlechts werden sollte.

Das **Relief (40)** zeigt ihn vor dem Grundriss des Domes, den Herrscherstab in der Hand. „Durch mich regieren die Könige" spricht die Weisheit Gottes (Spr. 8,15). Der Kaiser leitete sein Amt unmittelbar von Gott ab und sah sich als Herrscher nicht nur in weltlichen, sondern auch in geistlichen Dingen.
Kaiser Konrad II. holte sich den baukundigen Abt Reginbald von Lorsch, der aus der Klosterschule St. Gallen kam, als Bischof nach Speyer und übertrug ihm den Dombau. Als dessen Nachfolger berief Heinrich III. den 24-jährigen Benno **(Relief 41).** Obwohl 1068 zum Bischof in Osnabrück berufen, war Benno auch beim Umbau unter Heinrich IV. maßgeblich beteiligt.

Nach dem Tod Bennos stockte der Dombau einige Jahre, bis Heinrich IV. um das Jahr 1093 den jungen Kleriker

Kaiser Konrad II. beginnt den Dombau. Das Bild zeigt Konrad vor dem Grundriss des Domes, den Herrscherstab in der Hand (Relief 40).

Hugo von Cluny, Abt des Reformklosters, väterlicher Freund und Berater Heinrichs IV. (Relief 43).

Otto (geb. 1062) mit der Vollendung des Dombaus betraute **(Relief 39, siehe Abb. auf Seite 29).** Otto hielt sich an die Pläne seines Vorgängers, setzte aber vor allem im Querhaus eigene Akzente.

Weihnachten 1102 wurde Otto Bischof von Bamberg. Auf dem Relief sehen wir ihn mit dem Bischofsstab, mit dem er bei der (zweiten) Domweihe an das Portal schlägt, das sich ihm dann gemäß der damals geltenden Kirchweihliturgie öffnet.

Rechts unten **(Relief 42)** ist einer der großen Lehrmeister dieser Architekten dargestellt, Hermannus contractus (Hermann der Lahme).

Das frühe Mittelalter ist reich an großen Mönchsgestalten. Berühmte Vertreter sind in der zweiten Bildreihe von unten zu finden. Voller Idealismus und auf immer radikalere Weise suchten Frauen und Männern in vollkommener Hingabe Jesus nachzufolgen. Während Hugo von Cluny **(Relief 43)** für einen Abt stehen kann, der sein Kloster zu höchster Blüte führte, sind Bruno, Norbert und Bernhard **(Reliefs 44–46)** Vertreter der unruhigen Generation, die sich mit dem ihnen zu bürgerlich gewordenen Leben in den Großklöstern nicht abfinden wollten.

Das bewegteste Leben hatte wohl Norbert von Xanten (1080–1134; **Relief 45)**. Bereits in jungen Jahren wird er Kanoniker am Hof des Kölner Erzbischofs und genießt das Leben der höfischen Gesellschaft in vollen Zügen. Das Jahr 1115 bringt die Wende. Er gerät bei einem Ritt mit seinem Freund in ein Gewitter und wird beinahe vom Blitz getroffen. Der Sturz vom Pferd holt ihn auf den Boden zurück. Norbert ist bereit, die Halbheiten seines bisherigen Lebens aufzugeben.
Er lässt sich zum Priester weihen und wird zum Bußprediger in Xanten. Der Eifer des Neubekehrten wirkt aber beunruhigend auf die wohlbestallten Stiftsgeistlichen, und man bedeutet ihm, dass man ihn in der Heimat nicht mehr brauchen könne.
Norbert verzichtet auf alles und geht barfuß trotz grimmiger Winterkälte nach Frankreich. In hinreißenden Predigten begeistert er die Volksmassen. In Prémontré ruft er eine Gebetsgemeinschaft für Männer und Frauen ins Leben, aus der sich der Orden der Prämonstratenser entwickelt. Sein Orden hat eine ungeheure Anziehungskraft besonders auf hochgestellte Adlige und Geistliche. Offen für jede Aufgabe lässt sich Norbert zum Erzbischof von Magdeburg wählen. Aber wegen seiner Strenge wird er dort abgelehnt.
Der Künstler stellt Norbert bei der Zelebration der Heiligen Messe dar. Sie war die Quelle seines Lebens. Seine Hingabe an dieses Geheimnis trug ihm später den Ehrentitel des „Heiligen der Eucharistie“ ein.

Bruno von Köln (1030–1101; **Relief 44)** legt den Finger auf den Mund. Ihm ist die Welt zu laut. Er sucht immer wieder die Stille einer Einsiedelei. Mit sechs Gefährten kommt er schließlich zum Bischof Hugo von Grenoble, der ihm das Felsengebiet der Chartreuse (daher der Name Kartäuser) einige Kilometer nördlich der Stadt Grenoble zur Verfügung stellt. Mit Gleichgesinnten geht er schließlich in die Berge Kalabriens, um als Eremit sein Lebensideal zu verwirklichen.

Die beiden Mönche mit einer besonderen Beziehung zu Speyer sind Hugo von Cluny **(43)** und Bernhard von Clairvaux **(46)**.
Nach Speyer kam der Abt Bernhard Weihnachten 1146, um König Konrad III. zur Teilnahme am Kreuzzug zu bewegen. Die Darstellung **(Relief 46, siehe Abb. Seite 33)** zeigt ihn, wie er Maria, die Patronin des Domes grüßt. An den Gesang des „Salve regina“ fügt er die Anrufungen „O gütige, o milde, o süße Jungfrau Maria“ an, die seitdem in den Fußboden des Mittelschiffs eingeprägt sind.

Hugo **(Relief 43, siehe Abb. Seite 31)** wurde im Alter von 25 Jahren zum Abt des Reformklosters Cluny gewählt. Er hatte dieses Amt sechzig Jahre inne, von 1049–1109, und besass höchste Autorität bei Papst und Kaiser.
Als Heinrich III. 1050 den lang ersehnten Sohn bekam, da bat er den Abt, Taufpate seines Sohnes zu werden. Hugo nahm an und war zeitlebens Berater und väterlicher Freund Heinrichs IV.
In den Schicksalstagen von Canossa war Hugo der Vermittler zwischen Papst und Kaiser. Er warf das Gewicht seiner moralischen Autorität in die Waagschale, bewog den Papst zur Nachsicht und erreichte für seinen Patensohn die Lösung vom Bann. Der Kaiser wurde losgesprochen, nachdem er durch Eid versichert hatte, sich dem Urteil Gregors zu unterwerfen und dem Papst freies

Bernhard von Clairvaux vor der Wallfahrts-Madonna des Domes. Im Speyerer Dom predigte Bernhard im Jahr 1146 (Relief 46/Text Seite 32).

Geleit zu gewähren. Aus Gregors eigenen Worten wissen wir, dass sich Abt Hugo für die Einhaltung des Eides verbürgte.

Auf der römischen Fastensynode 1080 wurde Heinrich zum zweiten Mal gebannt. Dieses Mal gelang es dem Abt nicht mehr, eine Versöhnung zwischen Kaiser und Papst zu erreichen. Aber eines ließ er sich nicht nehmen: Obwohl mit dem Bannspruch die offiziellen Gebete für den Exkommunizierten eingestellt waren, betete der Abt von Cluny mit seinen Mönchen weiterhin für das Seelenheil des Kaisers.

Die zweite Reihe von oben wirft einige Schlaglichter auf die bewegte Geschichte des 11. Jahrhunderts. Chronologisch geordnet sehen wir zunächst die Päpste Leo IX. (48) und Viktor II. (49), es folgen Nikolaus II. (47) und Urban II. (50).

Leo IX. (1049–1054) ist der bedeutendste unter den deutschen Päpsten, die von Heinrich III. eingesetzt wur-

den. Er war eifriger Seelsorger und Kirchenreformer, stand aber ebenso treu zum Kaiser. Die Regierungszeit von Leo IX. war eine der wenigen Epochen, in der das Verhältnis von Papst und Kaiser trotz mancher unterschiedlicher Auffassungen ungetrübt war.
Als 1053 die Normannen Rom bedrohten und Heinrich dem Papst nicht zu Hilfe kommen konnte, entschloss sich Leo mit eigenen Kräften gegen die Normannen zu ziehen. Er unterlag und wurde zu Benevent gefangen gesetzt **(Relief 48)**. Als kranker Mann kehrte er nach acht Monaten nach Rom zurück, wo er bald darauf starb.

Zu dieser Zeit stand der Kaiser in höchstem Ansehen. Er konnte ohne Widerspruch Bischof Gebhart von Eichstätt zum Papst ernennen, der als Viktor II. am 13. April 1055 in Rom inthronisiert wurde. Beiden blieb jedoch nur noch wenig Zeit. Als Viktor II. seinen Freund im Herbst 1056 in Goslar besuchte, fand er ihn sterbend vor **(Relief 49)**. Den toten Kaiser begleitete er zur Begräbnisstätte der Salier nach Speyer.

Nach dem Tod Heinrich III. war das Reich ohne klare Führung. Die Kaiserin Agnes war zu schwach, Heinrich IV. noch unmündig. Die Reformbewegung jedoch, mit dem Mönch Hildebrand als treibende Kraft, blieb nicht untätig und gedachte nach all den Wirren der vergangenen Jahre nun die Wahl der Päpste ein für alle Mal in ihrem Sinn zu regeln. So erließ Papst Nikolaus II. auf einer Synode ein Papstwahldekret **(Relief 47)**, auf Grund dessen jedem Laien die Einmischung in den Vorgang der Papstwahl streng untersagt war. Künftig sollten nach dem Tod eines Papstes zuerst die Kardinalbischöfe zusammentreten, danach sollten die Kardinalpriester diese Wahl bestätigen und schließlich die anderen Grade des Klerus und das Volk ihre Zustimmung geben. Mit diesem Papstwahldekret war praktisch der Einfluss des Kaisers ausgeschlossen. Es sollte nochmals eine Rolle spielen in der Auseinandersetzung zwischen Heinrich IV. und Gregor VII, weil bei dessen Papstwahl die im Dekret festgelegte Reihenfolge nicht eingehalten wurde.

Es sieht fast aus wie eine Idylle: der Papst in der Haltung des Bettlers, dem eine Frau Brot reicht **(Relief 50)**. Dieser Papst Urban II. (1088–1099), vorher Mönch und Prior in Cluny, dann 1080 Kardinalbischof in Ostia, wäre von seiner Gesinnung her durchaus in der Lage gewesen, den Konflikt zwischen Kaiser und Papst zu entschärfen. Er gab zwar die gregorianischen Grundsätze nicht auf, war aber Anhänger einer geschmeidigeren Politik. Seinen Platz in Rom konnte er jedoch nicht einnehmen, weil der Gegenpapst Clemens III. (ehemals Wibert von Ravenna) den Papstsitz nicht räumte. Und der Kaiser sah keine Möglichkeit, Clemens III. fallen zu lassen, da er von ihm zum Kaiser gekrönt worden war. So saß Urban II. ohne Schutz und ohne Mittel auf dem rechten Tiberufer fest und war auf Almosen angewiesen.
Urban brauchte trotz seiner taktischen Begabung bis zum Jahr 1093, bis er den Stuhl Petri in Besitz nehmen konnte.
In die Regierungszeit Urbans fielen folgenschwere Entscheidungen. Als Legaten des Oströmischen Kaisers 1095 beim Konzil in Piacenza um Militärhilfe gegen die Muselmanen baten, da griff Urban eine in vielen Köpfen schwelende Idee auf und propagierte den Kreuzzug, der die Heiligen Stätten aus der Gewalt der Ungläubigen befreien sollte. Für den Papst selbst überraschend folgten Tausende dem Aufruf.

In der oberen Reihe kommt eine große Frau des 12. Jahrhunderts zu Ehren: Hildegard von Bingen (1098–1179; **Relief 51, siehe Abb. Seite 35)**.

Hildegard von Bingen. Das Bild zeigt Hildegard auf den Knien, bereit, die göttliche Vision zu empfangen (Relief 51/ Text Seite 34f.)

Sie wurde als zehntes Kind des Edelfreien Hildebert von Bermersheim und seiner Frau Mechthild geboren. Im Alter von acht Jahren wurde sie Jutta, der Tochter des Grafen von Sponheim, zur Erziehung gegeben. Der Graf hatte für Jutta beim Mönchskloster Disibodenberg (am Zusammenfluss von Nahe und Glan) eine Klause errichtet, wo sie am 11. November 1106 mit der kleinen Hildegard einzog.

Hildegard bezeichnete sich später gern als „ungelehrte" Frau, aber sie erhielt von Jutta zweifellos eine gute Bildung und hatte erstaunliche Kenntnisse in der lateinischen Sprache und in der Exegese durch das „Erlernen, Beten und Betrachten der Psalmen und vom Lesen der Heiligen Schrift".

Das Außergewöhnliche bei ihr waren jedoch die inneren Bilder, die sie seit ihrer Kindheit sah. Lange konnte sie darüber nicht sprechen, weil sie fürchtete, falsch verstanden zu werden. Erst als sie selber nach dem frühen Tod Juttas zur „Meisterin" der Schwesterngemeinschaft gewählt wurde, wagte sie es, ihre Visionen niederzuschreiben. Im Jahr 1147 wandte sie sich an Bernhard von Clairvaux und bat ihn um sein Urteil. Da dieses positiv ausfiel und auch Papst Eugen III. ihr gebot weiter zu schreiben, entfaltete sie eine rege schriftstellerische Tätigkeit. Sie legte die Heilige Schrift aus, schrieb historische Abhandlungen, dichtete 70 geistliche Lieder, die sie selbst vertonte, und verfasste natur-

kundliche Bücher, die zu den wichtigsten Quellen des frühen Mittelalters zählen. In neuerer Zeit befassen sich viele Bücher mit ihrer Naturheilkunde. Unter Hildegards Führung konnten die Frauen durchsetzen, dass sie vom Männerkloster Disibodenberg unabhängig werden und ein eigenes Kloster auf dem Ruppertsberg bei Bingen bauen konnten. Ihr Wirkungskreis als Äbtissin beschränkte sich nicht auf das Kloster. Sie stand mit den Großen des Reiches in brieflicher Verbindung und scheute sich nicht, Missstände anzuprangern und Umkehr anzumahnen.
Die Plastik auf dem Portal zeigt Hildegard auf den Knien, bereit, die göttlichen Visionen zu empfangen.

Relief 52 (siehe Abb. Seite 37) erinnert an Friedrich I. Barbarossa. Als Konrad III. (1138–1152) starb, empfahl er nicht seinen noch unmündigen Sohn für die Nachfolge, sondern seinen politikerfahrenen Neffen Friedrich. Dieser wurde am 4. März 1152 zum König gewählt. Er galt als Politiker des Ausgleichs, der nach langen Jahren der Wirren im Reich erstmals wieder berechtigte Hoffnung auf die lang ersehnte Ordnung der zerrütteten Verhältnisse eröffnete.
Die Plastik zeigt den Kaiser mit seiner zweiten Frau Beatrix von Burgund und der Tochter Agnes. Beatrix hatte ein reiches Erbe in die Ehe mitgebracht und die engere Anbindung Burgunds an das Reich ermöglicht. Sie liegt, zusammen mit ihrer kurz zuvor verstorbenen Tochter, im Speyerer Dom begraben.
Die Kreuzritter auf dem Portalrelief erinnern daran, dass Friedrich sich gerne für den dritten Kreuzzug (1189) gewinnen ließ, weil er dadurch seinen Wunsch erfüllt sah, als Führer der Christenheit in Erscheinung zu treten. Dieser Kriegszug endete kläglich. Friedrich verunglückte tödlich am 10. Juni 1190, als er im Fluss Saleph (damals Armenien) baden wollte. Sein Grab ist unbekannt. Eine Bestattung im Speyerer Dom, die er sich zu Lebzeiten gewünscht hatte, war nicht möglich.

Albrecht von Österreich **(Relief 53)** war der Sohn Rudolfs von Habsburg. Rudolf hatte gehofft, dass die Fürsten ihn zum Nachfolger wählen würden. Diesen jedoch war der Habsburger zu mächtig geworden. Sie kürten Adolf, den Grafen von Nassau, zum König. Wegen seiner Eigenmächtigkeiten fiel Adolf nach kurzer Zeit bei den Kurfürsten in Ungnade. Auf einer Synode in Mainz (1298) setzten sie ihn ab und wählten jetzt den Habsburger Albrecht. Adolf wollte nicht kampflos weichen und erzwang eine Entscheidungsschlacht bei Göllheim (Donnersbergkreis), in der er vermutlich durch die Hand Albrechts fiel.
Das Relief ist kein Ausschnitt aus diesem Kampf, sondern schildert eine Szene, die zehn Jahre später stattfand. Albrecht regierte im Geist seines Vaters Rudolf und versuchte die von den Fürsten ungeliebte Hausmachtspolitik fortzusetzen. Vor allem Thüringen und Böhmen wollte er noch für seine Familie gewinnen. Bevor es aber zur entscheidenden Auseinandersetzung kam, wurde er 1308 von seinem Neffen Johann von Schwaben, genannt Parricida – d.h. Vatermörder –, getötet. Das Bild zeigt den zu Tode getroffenen Kaiser.
Heinrich von Luxemburg (1308–1313) ließ Albrecht und Adolf im Dom zu Speyer Seite an Seite beisetzen.

Auch **das letzte Relief (54)** erzählt von einem Mord, der genau 100 Jahre früher stattfand. Nach Friedrich Barbarossa hatten die Fürsten seinen Sohn Heinrich VI. 1191 zum deutschen König gewählt. Ihm war es ein Anliegen, die Einheit des Reiches und die Herrschaft über Süditalien zu sichern. Auf einem Italienfeldzug starb er im Alter von nur 32 Jahren. Die Nachfolge war schwierig. Heinrichs Sohn Friedrich II. war zwar bereits zum König gewählt, konnte

Friedrich Barbarossa und Beatrix mit Tochter Agnes (Relief 52/Text Seite 36).

aber, da noch unmündig, seinen Thronanspruch nicht einlösen. Unter den Kurfürsten gab es zwei Parteien: Die eine favorisierte die Staufer, die andere lehnte eine Vererbung der Königswürde grundsätzlich ab.
So wählte die Stauferpartei Philipp von Schwaben, den Bruder Heinrichs VI., zum König, die Gegenpartei den Welfen Otto IV. Das Reich war gespalten. Papst Inozenz III. neigte zuerst zu Otto, weil dieser die päpstlichen Rechte in Italien zu stärken bereit war. Später unterstützte er Philipp, weil er sich vom ihm mehr Zugeständnisse erwartete.
Obwohl Philipp von Natur aus eher ein musischer Mensch war, besaß er doch auch genügend politisches Geschick, um die Fürsten nach und nach auf seine Seite zu ziehen. Er stellte ein starkes Heer von Verbündeten zusammen, um seine Ansprüche endgültig durchzusetzen. Doch kurz vor der unmittelbar bevorstehenden Entscheidung wurde er in Bamberg wohl aus persönlichen Motiven von Otto von Wittelsbach ermordet. Sein Grab fand er in der Gruft des Speyerer Domes.

Domdekan Hugo Büchler

Das Hauptportal: Kunsthistorische Bedeutung und Würdigung

Am 7. März 1971, zehn Jahre nach dem großen Domfest aus Anlass der 900-Jahr-Feier der ersten Domweihe, wurde das neue Bronzetor des Speyerer Domes von dem damaligen Diözesan-Bischof Friedrich Wetter in einem Gottesdienst seiner neuen Bestimmung übergeben. Das doppelseitige Stufenportal zwischen Vorhalle und Mittelschiff, das in seinen Ausmaßen in der Kunstgeschichte kaum ein Gegenstück hat, war in dreieinhalbjähriger Arbeit von dem Salzburger Bildhauer Professor Toni Schneider-Manzell geschaffen worden. Die feierliche Übergabe des monumentalen Werkes, ein Geschenk der Landesregierung, nahm Dr. Helmut Kohl vor, damaliger Ministerpräsident des Landes Rheinland-Pfalz.

Bei dem Bronzeportal am Dom zu Speyer – gerade vierzig Jahre alt – klingen mittelalterliche Traditionen an. Wenn auch von einem zeitgenössischen Künstler geschaffen, lässt es durchaus Vergleiche mit den Bronzetüren der Romanik zu. Als Werke der mittelalterlichen Plastik sind sie individuelle Schöpfungen, die innerhalb bestimmter Zusammenhänge zu verschiedenen Zeiten an verschiedenen Orten entstanden.
Stets waren es künstlerisch und technisch anspruchsvolle Großaufträge für einzelne Gusswerkstätten. Die Gusshandwerker waren im Mittelalter besonders geachtete Meister. Ihre Gießhütten waren hoch spezialisierte Werkstätten, zumal wenn es sich um monumentale Bronzewerke handelte, die nach überlieferten Techniken in mühsamer und zeitaufwendiger Arbeit ausgeführt wurden.
Die in Erz ausgeführten Bronzetüren waren im Mittelalter von hohem Wert und darum ein außergewöhnlicher Bestandteil der Bauausstattung; auf Kirchen beschränkt. Für den Bildguss war das Wachsausschmelzverfahren üblich, das auch heute noch eine große Rolle spielt. In jedem Fall ist die Bronzetür der mittelalterlichen Kirchenbauten eine Außentür; sie bildet den Eingang zum Kirchengebäude. Die Türflügel boten – auf beiden Seiten des Portals – reichlich Raum für bildliche Ausgestaltung.
Im Zeitraum zwischen 800 und 1200 sind in Mittel- und Südeuropa eine große Zahl solcher Portale entstanden. Die Pfalzkapelle Karls des Großen, von den Zeitgenossen als Wunder gerühmt, erhielt für das große Hauptportal und alle fünf Eingänge in massiver Bronze gegossene Türflügel. Erzbischof Willigis in Mainz ließ zwei Jahrhunderte später eine Erztür für seinen Dom-Neubau (von ca. 978 bis 1009) gießen. Berühmte Beispiele aus dem Mittelalter sind die Bernwardstür in Hildesheim, in Augsburg die Bilderwand des Domes, in Verona die Tür von San Zeno, die Domtür von Benevent, oder die Tür der Magdeburger Gießhütte in Novgorod.

Der Dom zu Speyer, eines der bedeutendsten Bauwerke Europas, dürfte ebenfalls reich gestaltete Portale gehabt haben, wie nicht wenige Historiker vermuten. Dafür spricht die finanzielle Großzügigkeit der kaiserlichen Bauherrn. Professor Walter Haas, München, hat nach einer Zählung, die von Hans Erich Kubach in seiner Schrift „Über die Portale des Domes zu Speyer" veröffentlicht wurde (1989), im romanischen Dom insgesamt 37 Türen und Portale ermittelt. Dabei sind die zahlreichen Durchgänge, die Turmtreppen und Dachräume miteinander verbinden, mitgezählt. Das Lichtmaß des frühromanischen Stufenportals, schon vor dem großen Umbau um das Jahr 1100 festgeschrieben (8,14 Meter hoch und 3,50 Meter breit), ist bis heute unverändert. So ist, wie Kubach schreibt, das Speyerer Domportal im erhal-

Vor dem Einbau der monumentalen Bronzeportale im Jahr 1971 bestand die Haupttür des Domes aus zwei Eichenholz-Flügeln. Darüber befand sich ein Tympanon aus Stein, geschaffen von Bildhauer Gottfried Renn im 19. Jahrhundert. Es zeigt Christus den guten Hirten, der das Lamm auf den Schultern trägt. Ihm zur Seite sind Petrus mit dem Schlüssel und Paulus mit dem Schwert dargestellt.

tenen Denkmalbestand eine seltene Ausnahme.
Keine der Türen aus dem 11. Jahrhundert ist infolge der schweren Beschädigungen, die der Speyerer Dom erlitt, erhalten geblieben. Eine spärliche Quelle spricht lediglich von Löwenköpfen, die das mittelalterliche Hauptportal geziert haben sollen. Erst bei der Instandsetzung des Domes nach den Verwüstungen durch die französischen Revolutionsheere und der vorausgegangenen Zerstörung im orleanischen Erbfolgekrieg 1689, wurden zu Beginn des 19. Jahrhunderts neue Portale aus massivem Eichenholz eingesetzt, die im 20. Jahrhundert durch Bronzetore in den Seitenschiffen ersetzt wurden. Übrig blieb das Hauptportal, das aus dem Mitte des 19. Jahrhunderts errichteten Westbau in das Langhaus der Basilika führte.

Hundert Jahre später, 1967, wurde nach gewonnenem Wettbewerb dem Bildhauer Toni Schneider-Manzell der Auftrag übertragen, das Hauptportal und die weiteren Domtüren zu gestalten. Der Tradition der Bronzemeister des Mittelalters verpflichtet, wählte der Künstler, der bereits für den Salzburger Dom drei Türen geschaffen hatte, aufgrund der Architektur des Domes den romanischen Türtypus. In dreieinhalb Jahren schuf er das sechs Tonnen schwere Bronzetor des Speyerer Domes, das mit seinen gewaltigen Maßen, als eines der bedeutendsten Werke der modernen christlichen Kunst, längst weltweite Anerkennung und Bewunderung gefunden hat.

Ein historisch bedeutsames Ereignis für die Bischofskirche und die Stadt war das Jahr 1111, als Kaiser Heinrich V. in Rom die Lossprechung seines Vaters vom Kirchenbann erwirkte, der im Langhaus des Domes feierlich beigesetzt wurde. Tage später verkündete der Kaiser wichtige Freiheitsprivilegien für Stadt und Bürger, die Grundlage für die Entwicklung Speyers zur Freien Reichsstadt. Rings um das Hauptportal ließ der Kaiser den Text in goldenen Buchstaben als monumentale Urkunde in die Quader meißeln. Die Privilegien sind um des Kaisers Bild angeordnet. Dieser in der Geschichte einmalige Vorgang – eine

in Stein gehauene kaiserliche Urkunde als Portalzier, ist ebenfalls den Verwüstungen zum Opfer gefallen. Eine Nachbildung befindet sich im Historischen Museum der Pfalz in Speyer.
Der Westbau erhielt durch den Umbau 1854 bis 1862, die der Karlsruher Architekt Heinrich Hübsch im Auftrag König Ludwig I. leitete, seine jetzige Form. Hübsch, der zunächst die von Ignaz Michael Neumann geschaffene Barockfassade entfernte, umkleidete die noch vorhandenen Teile des salischen Westbaues mit Blendsteinen. Fassade, Portale und die Kaiserhalle verdeutlichen den Charakter des 19. Jahrhunderts. Damals wurden neue Portale aus massivem Eichenholz eingesetzt, die man im 20. Jahrhundert durch Bronzetore austauschte.
Die Zutaten des 19. Jahrhunderts sind rasch vergessen, wenn der Besucher durch das von Schneider-Manzell geschaffene Hauptportal das Innere des Domes betritt, wo die Einfachheit und Schlichtheit des Gotteshauses wieder hergestellt wurde. Wie nirgendwo sonst ist im Kaiserdom zu Speyer abendländische Geschichte gegenwärtig geblieben.

Dr. Rudolf Joeckle

Das Spenden-Projekt "Domportale"

Durch die Bronzeportale betritt man den Speyerer Dom. So kommt man in einen mächtigen, in einen großartigen Raum. Einen Raum, der einen trotz seiner Höhe und Länge nicht einschüchtert, nicht klein macht - einen Raum, der hell ist, der schlicht ist, der jene, die ihn betreten, Menschen sein lässt. Die Portale schließen sich hinter den Besuchern, und die eigene Welt des Domes nimmt sie gefangen, veranlasst sie, im Denken und Fühlen für Momente umzuschalten: Man horcht in sich hinein, man ruht sich aus. Man besinnt sich, lässt die Gedanken schweifen. Man denkt an Gott oder man denkt an Verstorbene. Und wenn man durch die Bronzeportale den Dom wieder verlässt, wenn sie sich hinter einem schließen, dann nimmt man etwas mit: neue Kraft und die Erinnerung an einen ganz besonderen Raum. Fast alle Menschen, die den Dom einmal betreten haben, kommen wieder hierher.

Die Portale des Domes sind Begrüßung und Abschied. Sie werden täglich von Tausenden von Händen geöffnet und geschlossen. Sie sind außen und innen zum Teil extremen Umwelteinflüssen ausgesetzt. Sie waren verschlissen. Jetzt aber sind sie in ursprünglicher Pracht wieder hergestellt, was auf den Pfennig genau 255 791,53 Mark gekostet hat. Finanziert wurde dies aus Mitteln der Kirche, des Landes und des Bundes und - vor allen Dingen - mit den Spenden von über 1 000 Leserinnen und Lesern der „Rheinpfalz“, mit 30 000 Mark der Aktion Hilfe in Not e.V., aus der Hans-Rosenthal-Gala, mit 14 000 Mark aus dem Benefiz-Konzert der Staatsphilharmonie Rheinland-Pfalz und mit der 50 000-Mark-Spende der „Rheinpfalz“. Daraus errechnet sich eine Spendensumme von 263 343,39 Mark. Es war eine großartige Leistung der Leserinnen und Leser der „Rheinpfalz“, die gespendet haben. Dank ihrer Hilfe erstrahlen die Bronzeportale in ihrer ursprünglichen Schönheit. Am 28. Oktober des Jahres 2000 wurden sie in einem festlichen Gottesdienst mit Bischof Dr. Anton Schlembach feierlich wieder eröffnet.

Der Dom zu Speyer ist ein Monument der Verehrung Gottes und ein Monument menschlicher Schaffenskraft. Er ist bald tausend Jahre alt und zum

Weltkulturerbe erhoben worden. Er ist ein Symbol der Einheit des Christentums. Aber er ist nicht zuletzt auch die Kirche der Pfälzer. Er ist das herausragende Denkmal ihrer Heimat. Dass so viele Pfälzerinnen und Pfälzer, so viele Leserinnen und Leser der „Rheinpfalz" geholfen haben, seine Portale zu restaurieren, erfüllt mich mit Stolz und Dankbarkeit. Der Dom ist ein Denkmal des zweiten Jahrtausends. Aber Dank der großzügigen Hilfe dieser Spender wird er auch im dritten Jahrtausend als ein einzigartiges Denkmal erhalten bleiben.

Chefredakteur Michael Garthe

Die Restaurierung der Domportale

Im Juni 1998 wurde das bronzene Hauptportal des Speyerer Domes geschlossen, um dort mit den Restaurierungsarbeiten zu beginnen. Zuerst wurden Musterfelder erstellt, welche die Unterschiede deutlich sichtbar machten. Im Juli 1998 arbeiteten einige Tage lang drei Restauratoren mit scharfem Blick, Pinsel und Skalpell am Hauptportal, um die beste Art der Restaurierung zu ermitteln und in einem Gutachten vorzuschlagen. Derweil wurde die sich deutlich voneinander unterscheidende Ansicht der Probefelder viel diskutiert: Wie sehr darf man sehen, dass daran gearbeitet wurde? Sollen die restaurierten Bronzeflächen „blank" sein oder „dürfen" sie ihre Patina behalten?

Inzwischen lief das Spendenprojekt „Rheinpfalz" für die Portalsanierung auf Hochtouren: bereits 50 000 Mark waren im Juli 1998 auf dem Konto eingegangen, im September waren es schon 86 000 Mark.

Nach eingehender Diskussion mit Wissenschaftlern und Denkmalpflegern fiel die Entscheidung, nach dem Muster des Feldes der „Verkündigung Mariä" am Hauptportal zu verfahren. Zuerst mussten die über die Jahrzehnte abgelagerten Schmutzschichten entfernt werden. Deren Analyse hatte ergeben, dass sich darin viele Schadstoffe – bis hin zu Reifenpartikeln – befanden. Der Befund ergab Korrosionsschäden und sogar Löcher in der Bronzehaut. Den Auftrag, das Haupt-

rechts oben: Zustand des Reliefs 14 „Bergpredigt" unmittelbar nach dem Einbau im Jahr 1971.

rechts unten: Zustand des gleichen Reliefs vor den Restaurierungs-Maßnahmen 1999.

und alle anderen Portale gründlich zu restaurieren, bekam nach einer detaillierten Ausschreibung schließlich der Potsdamer Spezialist für Metallrestaurierung, Helmut Franke, der schon die Tore des Hildesheimer Domes restauriert hatte. Im April 1999 startete Franke mit seinen Arbeiten am Hauptportal.

„Eine moderne Tür mit einer Oberfläche, die an archäologische Bodenfunde erinnert", war der nüchterne Befund von Helmut Franke. Millimeterdicke Dreck- und Schadstoffschichten hat er abgetragen: Mit Pinseln und Radierern, Glasfaserstiften, Messingbürsten und einem weichen Vlies rückte er allem zu Leibe, was nicht dorthin gehört. Harte Krusten hatten sich gebildet, dennoch muss der Restaurator behutsam vorgehen, niemals mit Kraft, gar Gewalt. Denn die bronzene Oberfläche darf nicht verändert werden. Wenn sich Schuppen ablösen, werden diese mit Wachs wieder festgeklebt. Mühsam und millimeterweise arbeitet sich der Restaurator

Der Restaurator bei seiner Arbeit am Hauptportal

Stück für Stück auf der Oberfläche vor. Oft schaut er mit der Lupe der Bronzehaut in die Poren, um ganz sicher keine Kleinigkeit zu übersehen. Dabei erkennt man auch, wie sehr der Eindruck aus der Ferne trügt: kein Zentimeter sieht aus wie der andere. Zu den Recherchen in Sachen Metalle gehören die Geheimnisse der Patinierung sowohl Jahrtausende alter als auch ganz neuer Oberflächen: „Das ist eine Wissenschaft für sich".

Vor allem aber, so betont Franke immer wieder, soll man möglichst gar nicht sehen, dass an den Flächen gearbeitet wurde. Deren Charakter zu erhalten, vor allem ihre natürliche Alterung, wozu auch Flecken, Grünspan und andere Unregelmäßigkeiten gehören, ist restauratorisches Prinzip.

Vom Konzept des Bildhauers Schneider-Manzell, dem Schöpfer des Hauptportals, spricht Franke mit Hochachtung. Der Künstler habe bewusst eine Oberfläche geschaffen, die an archäologische Bodenfunde erinnert. Dahinter stand offenbar der Anspruch, dem Alter des Bauwerkes mit „modernen" Toren entgegen zu kommen. Die Arbeitsweise des Bildhauers wird zum Forschungsobjekt Helmut Frankes.

Am Tag des Offenen Denkmals am 12. September 1999 wurde das komplett restaurierte Hauptportal erstmals wieder der Öffentlichkeit präsentiert. Im April 2000 setzte Helmut Franke seine Arbeiten an den Domportalen fort. Im März stand das „Rheinpfalz"-Spendenbarometer schon bei 192 000 Mark.

Neben dem Hauptportal und den Toren der Nordseite des Domes, Reginbaldus-Portal (zur Afrakapelle), Bernhardus- und Benno-Portal, die fast fertig restauriert waren, ging die Arbeit weiter an beiden noch unbearbeiteten Türen auf der Südseite des Domes, dem Otto- und dem Stephanus-Portal.

Der Restaurator berichtet über große Unterschiede der Tore zueinander, so

rechts: Zustand des Reliefs 14 „Bergpredigt" nach der Restaurierung im Jahr 1999 (Text Seite 18).

dass von Routine keine Rede sein kann. Nicht nur die Motive, auch die Oberflächen sind unterschiedlich wie ihre Schöpfer, vor allem die Beschaffenheit der Patinierung gibt wieder manches Rätsel auf. Leider habe es früher noch keine Dokumentationen gegeben, wie sie heute erforderlich sind. Er selbst hielt alle Arbeitsschritte und Details fest – in Fotografie und Text. So dokumentiert, bleibt seine Arbeit nachvollziehbar. Jedes Portal hat nun einen eigenen Dokumentationsband. Auch über die technischen Details der anderen, um 1961 entstandenen Tore – das Bernardus-Portal schuf Max Faller aus München, das Benno-Portal der Pirmasenser Karl Nuding, das Reginbaldus-Portal wurde von Marlys und Hans Fay und das Otto-Portal von Karl Heinrich Emanuel aus Merzalben gestaltet – gibt es nicht viele Informationen.
Wer sich die restaurierten Portale genau ansieht, stellt die unterschiedliche Farbigkeit der Oberflächen fest: Das Benno-Portal ist fast schokoladenbraun, auch zwischen Außen- und Innenseite des Hauptportals gibt es sichtbare Unterschiede. Sowohl das Stephanus- als auch das Otto-Portal auf der Südseite des Domes schimmern auf Grund ihrer Patina eher grünlich.
Diese beiden Portale sind der Witterung und wechselnden Umwelteinflüssen besonders stark ausgesetzt.
Einen Glücksfall nennt der Restaurator die in jeder Hinsicht so unterschiedlichen Tore deshalb, weil zwischen 1961 und 1971 damit dem altehrwürdigen Bauwerk Dom sechs eigenständige Kunstwerke hinzugefügt worden sind. Alle Portale sind von jeweils ganz eigener künstlerischer Handschrift und Oberfläche. Die Portale geben „wie in einer Dauer-Ausstellung" einen Einblick in die Bilderwelt der sechziger Jahre, meint Franke. Ihm sei kein anderes Bauwerk bekannt, das über vergleichbare Bronzebildwerke von so eigenständiger Formen- und Bildersprache verfügt.

Der Restaurator wird in Zukunft öfter nach „seinen" Portalen sehen, die Bronzeflächen erneut inspizieren und reinigen.
In einer Feierstunde im Dom am 28. Oktober 2000 wurde der Abschluss der Portalrestaurierung gewürdigt: Im „Heiligen Jahr", das im Zeichen der geöffneten Türen stand. Sie laden nun auch im Speyerer Dom zum Schauen und Verweilen ein. Für die Restaurierung der Portale gingen rund 263 000 Mark auf dem Spendenkonto der „Rheinpfalz" ein.

Dr. Anne Stegat

Die Europäische Stiftung Kaiserdom zu Speyer

Feierliche Wiedereröffnung des Hauptportales am 28. Oktober 2000 nach umfangreichen Restaurierungsmaßnahmen. Unser Bild zeigt (v.r.n.l.) Bischof Dr. Anton Schlembach, Dr. jur. Paul Wieandt, Vorstandsvorsitzender der Europäischen Stiftung Kaiserdom zu Speyer, dessen Stellvertreter Dr. Georg Gölter und Rheinpfalz-Chefredakteur Michael Garthe.

Die Zukunft des Kaiserdomes und sein Fortbestand auch im dritten Jahrtausend ist das Ziel der Europäischen Stiftung Kaiserdom zu Speyer. Diese große, zukunftsorientierte Aufgabe wird flankiert von Aktivitäten zur Unterstützung der aktuell anstehenden großen Domrestaurierung durch Einwerbung von Projektfördermitteln. Im Rahmen einer Feierstunde am 2. Juli 1999 in der Krypta des Kaiserdomes erklärten sich neun Stifter bereit, ein Grundstock-Kapital von 1,5 Millionen Mark zur Verfügung zu stellen und damit die Europäische Stiftung Kaiserdom zu Speyer zu errichten. Die damalige Bezirksregierung Rheinhessen-Pfalz als zuständige Aufsichtsbehörde genehmigte die Stiftung am 22. Oktober 1999.

Die Europäische Stiftung Kaiserdom zu Speyer hat sich in erster Linie also ein langfristiges Ziel gesetzt. Sie will durch die Akquisition von Zustiftungen und Vermächtnissen das Stiftungskapital kontinuierlich aufstocken. Mit den Erträgen wird die Stiftung in erster Linie dafür sorgen, dass Maßnahmen der Bestandssicherung und Substanzerhaltung sowie der Denkmalpflege am Kaiserdom dauerhaft möglich sind. Ihr Förderziel ist nach der Satzung die „dauerhafte Erhaltung des Kaiserdomes zu Speyer, seiner Kunstwerke und seiner Ausstattung". Außerdem will die Stiftung kulturelle Aktivitäten fördern und wissenschaftliche Forschungen zum Kaiserdom ermöglichen. Dazu gehören auch Projekte der Öffentlichkeitsarbeit, die geeignet sind, den Dom in seiner europäischen, historischen, künstlerischen und kulturellen Dimension sowie als Unesco-Weltkulturdenkmal einer breiten Öffentlichkeit näher zu bringen.

Die Gründung der Stiftung geht auf eine Initiative des damaligen Bundeskanzlers Dr. Helmut Kohl und des Vorstandsvorsitzenden der Stiftung, Dr. Paul Wieandt, ehem. Vorstandsvorsitzender der BfG Bank, Frankfurt, zurück – unterstützt vom Kuratorium, das sich bereits vorab im Jahr 1996 konstituierte. Den Vorsitz des Kuratoriums der Europäischen Stiftung Kaiserdom zu Speyer hat Bundeskanzler a. D. Dr. Helmut Kohl inne, sein Stellvertreter ist Bischof Dr. Anton Schlembach. Vorsitzender des Stiftungs-Vorstandes ist Dr. Paul Wieandt, seine Stellvertreter sind Staatsminister a. D. Dr. Georg Gölter und Domdekan Hugo Büchler. Vorsitzender des Stiftungsrates ist S.K.H. Herzog Franz von Bayern, sein Stellvertreter ist Weihbischof Otto Georgens.

Karl-Markus Ritter

Informationen:
Telefon: 06232/102-397 (vormittags)
Telefax: 06232/102-352

oben: Mitglieder der Stiftungsorgane bei der Jahrestagung am 21. September 2001. Unser Foto zeigt in der ersten Reihe (v.l.n.r.) Weihbischof Otto Georgens, Dr. Paul Wieandt (Vorstandsvorsitzender der Europäischen Stiftung), Staatsminister Reinhold Bocklet, Oberbürgermeister Werner Schineller, Ministerpräsident Kurt Beck, Bundeskanzler a. D. Dr. Helmut Kohl (Vorsitzender des Stiftungs-Kuratoriums), Friedrich Kardinal Wetter, ZDF-Intendant Prof. Dieter Stolte und Bischof Dr. Anton Schlembach. Anschließend fand im Dom ein Festakt statt: „Kaiserdom zu Speyer – Zwanzig Jahre Unesco-Weltkulturdenkmal".

mitte: Die Landesbank Rheinland-Pfalz hat die Patenschaft für das Applizieren der nach 1957 aus dem Dom entfernten und noch vorhandenen Schraudolph-Fresken übernommen. Vorstandsvorsitzender Klaus G. Adam, Mitglied des Stiftungs-Kuratoriums (links), informierte sich gemeinsam mit Bischof Dr. Anton Schlembach und Ministerpräsident Kurt Beck (rechts) beim Restaurator.

unten: Die BASF AG engagiert sich bei der Konservierung der bedeutsamen mittelalterlichen Bauzier. Vorstandsvorsitzender Dr. Jürgen Strube (2.v.r.) überbrachte dem Vorstandsvorsitzenden der Stiftung, Dr. Paul Wieandt (rechts), dessen Stellvertreter Domdekan Hugo Büchler und Weihbischof Otto Georgens den Spendenscheck.

Die Spender der Spendenaktion der "Rheinpfalz"

Dr. Franz Ader, 67346 Speyer
Günter Anton, 67434 Neustadt-Hambach
Karin u. Bernd Armbruester, 67659 Kaiserslautern
Doris Balbach, 67141 Neuhofen
Hildegard Ballbach, 67063 Ludwigshafen
Sybille u. Norbert Bauer, 67117 Limburgerhof
Gerlinde Baumann, 67098 Bad Dürkheim
Kurt Bechtold, 67063 Ludwigshafen
Annemarie Becker, 67663 Kaiserslautern
Ulrike u. Hermann Becker, 67061 Ludwigshafen
Hildegard Benz, 76879 Ottersheim
Heinz Berger, 67169 Kallstadt
Ilse u. Wolfgang Bettinger, 76829 Landau
Dr. Erich Bien, 67434 Neustadt
Eberhard Birnbaum, 67069 Ludwigshafen
Reinhold Bischoff, 67691 Hochspeyer
Waldemar Bleh, 67472 Esthal
Klaus Bletzer, 67167 Erpolzheim
Brunhilde u. Karl Heinz Born, 67659 Kaiserslautern 27
Udo H. Böhm, 67227 Frankenthal
Helga u. Fritz Brechtel, 76761 Rülzheim
Klaus Brechtel, 67112 Mutterstadt
Wolfgang Breyer, 67227 Frankenthal
Ludwig Buser, 66901 Schönenberg-Kübelberg
Renate Cordes, 67157 Wachenheim
Aloisia Danter, 67141 Neuhofen
Matthias Daum, 74564 Crailsheim
Gisela Detzner, 67346 Speyer
Eugen Dietz, 67146 Deidesheim
Lisl Dietz-Feyock, 66953 Pirmasens
Rosemarie u. Siegfried Dillmann, 67373 Dudenhofen
Rochus Dohn, 67475 Weidenthal
Hedwig Dreizehnter, 76767 Hagenbach
Dr. Ilse Dzimirski, 76829 Landau
Käthe Eckl, 67065 Ludwigshafen
Margarete Ehrig, 67061 Ludwigshafen
Ottilie u. Otmar Eichmann, 76756 Bellheim
Dr. Rheinhold Eisenbraun, 48149 Münster
Marianne Emmerling, 67434 Neustadt
Gertrud u. Kurt Enders, 67823 Sitters
Bernd Endres, 66424 Homburg-Einöd
Engelram & Partner, 67454 Haßloch
Doris Entenmann, 66953 Pirmasens
Marianne Erb, 67433 Neustadt
Edmund Fahrnschon, 67435 Neustadt-Königsbach
Hedwig Theresia Fahrnschon, 67433 Neustadt
Petra Falck, 67227 Frankenthal
Michael Faust, 76764 Rheinzabern
Klaudia Fauth, 67319 Wattenheim
Wilhelm Fiechter, 67459 Böhl-Iggelheim
Barbara u. Gerhard Fiedler, 67435 Neustadt
Cäcilie Fischer, 67112 Mutterstadt
Sabine Fischer, 26188 Edewecht
Werner Fischer, 67663 Kaiserslautern
Heinz Flößer, 67061 Ludwigshafen
Ruth u. Theodor Folz, 67346 Speyer
Amandus Freiermuth, 67483 Edesheim
Gertrud u. Franz Fritsch, 76756 Bellheim
Karin u. Werner Garthe, 67454 Hassloch
Stefan Gastgeb, 76726 Germersheim
Anna Maria u. Edgar Gehrlein, 76889 Schweigen-Rechtenbach
Johanna Geiger, 76829 Landau
Ottmar Gensheimer, 76877 Offenbach/Queich
Elsbeth u. Max Gerber, 67117 Limburgerhof
Hans Gerstner, 67105 Schifferstadt
Katarina Gessner, 67433 Neustadt/Wstr.
Waltraud u. Hans Gillich, 67454 Haßloch
Rupert Gommel, 67141 Neuhofen
Ingrid Gottauf, 67071 Ludwigshafen
Waltraud Graf, 67065 Ludwigshafen
Waltraud Graffunder, 67112 Mutterstadt
Erich Grassl, 67061 Ludwigshafen
Ursula Grimm-Martin, 67069 Ludwigshafen
Gerhard Gröschel, 67147 Forst
Günter Grünfelder, 66954 Pirmasens
Horst Gürtler, 67663 Kaiserslautern
Walter Handermann, 67346 Speyer
G. Hanß, 67434 Neustadt
Johanna Hartmann, 67373 Dudenhofen
Christel u. Otto Hauck, 66851 Bann
Norbert Hauck, 67165 Waldsee
Ruth u. Rolf Hauck, 67069 Ludwigshafen
Monika u. Dieter Haun, 67067 Ludwigshafen
Joachim Häußler, 67346 Speyer
Robert Heilmann, 67227 Frankenthal
Wolfgang Heinz, 67376 Harthausen
Ingrid u. Dieter Henkel, 67269 Grünstadt
Heinz Henrich, 67433 Neustadt/Weinstrasse
Dr. Gernot u. Gerlinde Herbst, 67157 Wachenheim
Ute u. Joachim Hiller, 67098 Bad Dürkheim
Stefan Hilz, 67250 Heßheim
Hanne Histing, 67157 Wachenheim
Gertrud Hoffmann, 67227 Frankenthal
Frieder Hofherr, 67117 Limburgerhof
Karl Hofrath, 67725 Börrstadt
Irma Holl, 67134 Birkenheide
Helmut Hugg, 76829 Landau
Liesel u. Paul Hylla, 67098 Bad Dürkheim
Uta u. Klaus-Dieter Ihlenfeld, 67454 Hassloch
Wolfgang Ihm, 67346 Speyer
Dr. med. dent. Lise Illig, 67061 Ludwigshafen
Dr. Kurt Jaeth, 67434 Neustadt
Elisabeth u. Herbert Jotzo, 67454 Haßloch
Dr. med. Barbara Jöckle-Kretz, 76889 Gleiszellen
Brigitte u. Walter Junker, 66914 Waldmohr
Helga u. Uwe Kaiser, 67227 Frankenthal
Karlheinz Kaiser, 67067 Ludwigshafen
Wolfgang Kalker, 67304 Eisenberg
Ingenierbüro IGB Katzschmann, 67061 Ludwigshafen
Monika u. Heinz Kaufeld, 67433 Neustadt
Lina u. Erich Kaufmann, 76726 Germersheim
Friedrich Kauth, 67433 Neustadt
Herbert u. Marliese Kehry, 67454 Haßloch
Walter Kennel, 66999 Hinterweidenthal
Silvia Kern, 66851 Queidersbach
Peter Kienzler, 67098 Bad Dürkheim
Antonin Kirschner, 67808 Weitersweiler
Gerhard Kißler, 67165 Waldsee
Rosel Klein, 76829 Landau
Dr. Hans-Joachim Klocke, 67227 Frankenthal
Ute u. Horst Knieriemen, 67098 Bad Dürkheim
Elisabeth Kopf, 76756 Bellheim
Maria Kopf, 76756 Bellheim
Ingrid u. Bertold König, 67117 Limburgerhof
Ernst Köppl, 67126 Hochdorf
Dr. Jürgen Kradel, 67117 Limburgerhof
Margit Kraus, 67165 Waldsee
Adolf Kreuscher, 67657 Kaiserslautern
Pia Krobb, 76829 Landau
Arnulf Kuntz, 67489 Kirrweiler
Prof. Dr. Peter Kupfer, 67360 Lingenfeld
Brigitte Kutschmann, 66976 Rodalben
Küttner GmbH, 67325 Speyer
Claus Lammering, 67146 Deidesheim
Johann Lang, 76744 Wörth
Otto Lang, 67434 Neustadt/Hambach
Gisela u. Heribert Laumen, 67269 Grünstadt
D. u. W. Leibig, 67346 Speyer
Frank Leibrecht, 67487 St. Martin
Irene u. Werner Leibrecht, 67487 St. Martin
Helga Leich, 66989 Höheinöd
Anni Leingang, 76771 Hördt

Hildegard Lieberich, 76829 Landau/Pfalz

Lions-Club, Hassloch

"Die Rheinpfalz", Lokalredaktion Speyer,

Lena Löffler, Ludwigshafen

Klaus Lutz, 76879 Essingen

Hubert Maenner, 67122 Altrip

Sonja u. Helmut May, 67117 Limburgerhof

Dietlinde u. Winfried Meiborg, 67435 Neustadt

Dr. Peter Mentges, 67117 Limburgerhof

Friedrich Mittenbühler, 76744 Wörth

Liselotte Moll, 67063 Ludwigshafen

Alfred Moster, 76829 Landau

Hans Moster, 67346 Speyer

Rolf K. Moster, 67480 Edenkoben

Elisabeth Müller, 67433 Neustadt

Dr. Ernst Müller, 67125 Dannstadt

Gerd Müller, 67227 Frankenthal

Heidi Müller, 67259 Beindersheim

Ingrid Müller, 67227 Frankenthal

Loni u. Heinz Müller, 67117 Limburgerhof

Richard Müller, 67346 Speyer

Siegfried Müller, 67269 Grünstadt

Annemarie Nebel, 67065 Ludwigshafen

Günter Nestle, 67466 Lambrecht

Heinz Neu, 76773 Kuhardt

Dr. Dieter Neubauer, 67157 Wachenheim

Nikolausverein Frankeneck, 67468 Frankeneck

Bernhard Nissen, 67256 Weisenheim am Sand

Brigitte Nullet, 76877 Offenbach/Queich

Dr. Bernhard Orth, 67098 Bad Dürkheim

Dr. Marianne u. Dr. Klaus Orth, 67098 Bad Dürkheim

Dr. Manfred Patsch, 67157 Wachenheim

Dr. Thomas Pfaff, 67663 Kaiserslautern

Gertrud Pfannhuber, 76872 Hergersweiler

Johanna Pfitzer, 82223 Eichenau

Hermann Pieles, 67271 Kleinkarlbach

Dr. Ruprecht W. Pirzer, 67434 Neustadt-Hambach

Bruno Platz, 67487 Maikammer

Waldemar Pochalla, 67363 Lustadt

Edith Prepens, 67098 Bad Dürkheim

Marion u. Peter Raquet, 67105 Schifferstadt

Joachim Reichelt, 67059 Ludwigshafen

Dr. Anneliese u. Dr. Hermann Reis, 67117 Limburgerhof

Gerhard Remmel, 67067 Ludwigshafen

Günter Renner, 67071 Ludwigshafen

Andrea u. Joachim Rieder, 76863 Herxheim

Ottilie Rieder, 67146 Deidesheim

Karl Rillig, 67705 Stelzenberg

Liesa Ringle, 66994 Dahn

Elisabeth Rippe, 67227 Frankenthal

Lutz Rosenhagen, 67063 Ludwigshafen

Ludwig u. Lydia Roth, 67098 Bad Dürkheim

Hans Peter Rottmann, 67346 Speyer

Wolfgang Röhm, 67067 Ludwigshafen

Reinhild u. Dieter Rößler, 76764 Wörth

Ute u. Bernd Ruckdeschel, 67454 Hassloch

Günter Rudolph, 67059 Ludwigshafen

Dieter Saling, 66994 Dahn

Renate Sauer, 67466 Lambrecht

Kurt Schade, 67105 Schifferstadt

Bruno Scharfenberger, 67146 Deidesheim

Alfred Schatzinger, 67098 Bad Dürkheim

Hilde u. Wilhelm Schärff, 67098 Bad Dürkheim

Ludwig Scheib, 67480 Edenkoben

Karl Scherrer, 67067 Ludwigshafen

Hans Scheurer, 67227 Frankenthal

Hedwig Scheurich, 67098 Bad-Dürkheim

Dr. Rupert Schick, 67117 Limburgerhof

Gertrud Schiffke-Mangold, 67149 Meckenheim

Gerhard u. Ursula Schleicher, 76829 Landau

Helga Schluppkotten, 67141 Neuhofen

Horst Schmidt, 67655 Kaiserslautern

Hermann Schmitt, 76726 Germersheim

Günter Schott, 67316 Carlsberg

Dr. Hans-Joachim Schöttle, 67659 Kaiserslautern

Hans Schroer, 67067 Ludwigshafen

Elisabeth Schröder, 67433 Neustadt

Wolfgang Alexander Schultz, 67227 Frankenthal

Christiane Schütt, 67373 Dudenhofen

Dr. Helmut Schwarz, 67069 Ludwigshafen

Peter Schweikert, 67283 Obrigheim

Dr. Dr. med. Hans Schwind, 67105 Schifferstadt

Inge u. Ernst Schworm, 66887 Niederalben

Benno Seebohm, 67483 Edesheim

Hildegard u. Gernot Seiler, 67061 Ludwigshafen

Hans Seul, 66482 Zweibrücken

Hedwig Siegfarth, 67360 Lingenfeld

Elisabeth Simon, 67125 Dannstadt

Heidi u. Oswald Spatz, 67098 Bad Dürkheim

Margot Sperling, 67245 Lambsheim

Beatrice u. Gerhard Spoor, 67112 Mutterstadt

Doris Spychalski, 67126 Hochdorf-Assenheim

Karlheinz Stahl, 67316 Carlsberg/Hertlingsh.

Günter Steinberg, 67065 Ludwigshafen

Willibald Storck, 67655 Kaiserslautern

Heinz Strickler, 67069 Ludwigshafen

Christa u. Karl-Heinz Sturm, 67105 Schifferstadt

Lore Sunderkötter, 67117 Limburgerhof

Norbert Thines, 67655 Kaiserslautern

Günter Tisch, 67065 Ludwigshafen

Hannelore u. Artur Tober, 67227 Frankenthal

Lieselotte Tretter, 66976 Rodalben

Monika Ullemeyer, 67346 Speyer

Unesco Club Frankenthal e.V., 67209 Frankenthal

Hermann Utz, 67376 Harthausen

VR Bank Nordwestpfalz eG, 67806 Rockenhausen

Traudl u. Dieter Veil, 67227 Frankenthal

Antonie u. Hubert Vogel, 76756 Bellheim

Herbert Voigt, 67659 Kaiserslautern

Hilde Volz, 67061 Ludwigshafen

Anke u. Günter Wagner, 67117 Limburgerhof

H. und A. Wagner, 76829 Landau

Hermann Wagner, Zweibrücken

Hubert Weber, 66901 Schönenberg-Kübelberg

Gerald u. Benedikt Weigand, 67269 Grünstadt

Claus-Dieter Weiske, 67346 Speyer

Maria Weiß, 76829 Landau

Dr. Klaus Werner, 67454 Hassloch

Marianne Werner, 67346 Speyer

Heinz Wiebelt, 76767 Hagenbach

Hartmut Wilhelm, 67069 Ludwigshafen

Kurt Wolff, 67227 Frankenthal

Agnes Wunder, 67227 Frankenthal

Hildegard u. Emil Zehfuß, 67278 Bockenheim

Maria u. Walter Zickgraf, 67067 Ludwigshafen

Paul Zimmermann, 76855 Annweiler

Dr. Gertrud Zinke-Allmang, 67098 Bad Dürkheim

Maria u. Norbert Zotz, 67259 Beindersheim

Dr. Günter F. u. Heidemarie Zytariuk, 66887 Sankt Julian

Irma u. Volkhard von Aulock, 67269 Grünstadt

Dr. Hans von Malottki, 81679 München

Wir danken allen Leserinnen und Lesern der Tageszeitung "Die Rheinpfalz" für die Beteiligung an der Spenden-Aktion zur Restaurierung und Instandsetzung der monumentalen Bronzeportale des Domes. Die Nennung der Namen der Wohltäter in diesem Buch ist unser Dankeschön. Der Herausgeber hat sich bemüht, möglichst viele Spender ausfindig zu machen. Aufgrund der häufig zu knappen Angaben auf den Überweisungsträgern war dies leider nicht immer möglich. Außerdem wünschten viele Spender anonym zu bleiben. Wir respektieren selbstverständlich diesen Wunsch.

Vordere Umschlagseite:
Die monumentale Bronzetür des Kaiserdomes vom Inneren der Kathedrale gesehen, eingerahmt vom frühromanischen Stufenportal.

Hintere Umschlagseite:
Der Kaiserdom zu Speyer, Blick von Westen. Die Luftaufnahme zeigt den hochromanischen Teil des Domes im Osten, den Westbau des 19. Jahrhunderts, der auf frühromanischem Kern errichtet wurde (vorn im Bild) und dazwischen das Langhaus mit den Ergänzungen von 1772 bis 1778, aufgrund der Beschädigungen des großen Dombrandes von 1689. Gegründet wurde der Dom von Salierkaiser Konrad II. zwischen 1025 und 1030.

Literaturauswahl

AMMERICH, HANS (Hrsg.): *Lebensbilder der Bischöfe von Speyer seit der Wiederherstellung des Bistums Speyer 1871/21 (FS Bischof Dr. Anton Schlembach).* Speyer 1992.

HAAS, WALTER: *Der Dom zu Speyer. Königstein* ^{3}1988.

KLIMM, FRANZ: *Der Kaiserdom zu Speyer.* Speyer 1953.

KUBACH, HANS ERICH; HAAS, WALTER: *Der Dom zu Speyer (Die Kunstdenkmäler von Rheinland-Pfalz 5).* 3 Bde, München 1972.

KUBACH, HANS ERICH: *Der Dom zu Speyer. Darmstadt* ^{4}1998.

KUBACH, HANS ERICH: *Über die Portale des Domes zu Speyer. In: Société pour la Conservation des Monuments Historiques d'Alsace (Hg.): Cahiers Alsaciens d'Archéologie d'Art et d'Histoire, Band XXXII.* Strasbourg 1989, S. 123 ff.

RITTER, KARL-MARKUS: *Mariendom und Kaiserkirche, Chronik einer Denkmalpflege in Speyer, mit einem Geleitwort von Bundeskanzler Dr. Helmut Kohl. (Bayerische HypoVereinsbank AG)* München 1997.

RITTER, KARL-MARKUS: *Substanzsicherung und Denkmalpflege mit innovativen Lösungen, Zweiter Vorbericht zur Baukampagne 1996 bis 2010 am Kaiserdom zu Speyer. In: Archiv für mittelrheinische Kirchengeschichte,* 51. Jahrgang 1999, S. 517 ff. (mit Daten zu den Seitenportalen).

SLATNER, ALFRED: *Toni Schneider-Manzell.* Innsbruck 1992, S. 38 ff.

THIEBES, BRUNO: *Kleines Dombuch, Einführung in Geschichte, Bau und Bedeutung des Domes zu Speyer.* Speyer ^{9}1993.

WEINDEL, PHILIPP: *Das Bronzetor des Speyerer Domes.* Speyer ^{2}1980.

WEINDEL, PHILIPP: *Der Dom zu Speyer, Geschichte, Beschreibung.* Speyer ^{6}1990.

Die Deutsche Bibliothek - CIP-Einheitsaufnahme

Das Hauptportal am Kaiserdom zu Speyer : ut umum sint - damit sie eins seien / hrsg. von Karl-Markus Ritter im Auftr. des Vorstandes der Europäischen Stiftung Kaiserdom zu Speyer. - 1. Aufl.. - Regensburg : Schnell & Steiner, 2001 (Große Kunstführer ; Bd. 211)
ISBN 3-7954-1450-4

1. Auflage 2001
ISBN 3-7954-1450-4
Diese Veröffentlichung bildet Band 211 in der Reihe „Große Kunstführer" unseres Verlages. Begründet von Dr. Hugo Schnell † und Dr. Johannes Steiner †

Satz und Layout:
Verlag Schnell & Steiner GmbH
Lithoherstellung:
Visuelle Medientechnik GmbH, Regensburg
Reihen-Layout:
Astrid Moosburger, Regensburg
Druck: Erhardi Druck GmbH, Regensburg

Abbildungsnachweis:
BASF AG (S. 45 unten),
Landesbank Rheinland-Pfalz (S. 45 mitte),
Norbert Lenz, Schifferstadt (S. 42, 44, 45 oben),
Hans Stoltz, Speyer (S. 39, 41)
Ottheinrich Hauck, Werbestudio, Mannheim (Rückwärtige Umschlagseite)
Vordere Umschlagseite und alle anderen Aufnahmen von Renate J. Deckers-Matzko
Zeichnungen im Vor- und Nachsatz: Helmut Schollenberger

Die Veröffentlichung des Buches wurde durch Mittel der Tageszeitung "Die Rheinpfalz" gefördert.